GENJIN刑事弁護シリーズ⑲

コンメンタール
可視化法

改正刑訴法301条の2の読解と実践

大阪弁護士会取調べの可視化大阪本部[編]

現代人文社

はしがき

　2016（平成28）年5月24日、可視化を義務付ける改正刑訴法が成立した。弁護士・弁護士会が長年求めてきた法律が、漸く成立したのである。立法化の大きな要因の一つが、弁護士・弁護士会のたゆみない努力であったと評価していいと思う。

　振り返ってみると、刑事司法を含む戦後最大の司法改革が、司法制度改革審議会の議論を通じてなされた。審議会の第1回会合は、1999（平成11）年7月27日、報告書は2001（平成13）年6月12日付である。

　大阪弁護士会や日弁連では、審議会までの間、あるいは審議会の議論と並行して、可視化実現に向けて取り組んできた。例えば、日弁連は、審議会において、刑事司法改革について、2000（平成12）年7月25日付で、「『国民の期待に応える刑事司法の在り方』について」と題する書面を提出し（http://www.kantei.go.jp/jp/sihouseido/dai26/pdfs/26haihu5.pdf）、取調べの可視化を提言した（同書面34頁）。審議会の委員の中には積極派の委員も存在していたが、最終的には、審議会報告書において、「取調べ状況の録音、録画や弁護人の取調べへの立会いを認めるべきとの意見があったが、被疑者の取調べの機能の捉え方や重点の置き方の違いから、それらに消極的な意見もあり、結論を得るに至っていない」とされ（http://www.kantei.go.jp/jp/sihouseido/report/naka_houkoku.html#4seidoteki）、可視化は先送りされた。ただ、2004（平成16）年になされた裁判員法等の審議の際、衆・参各委員会において、政府・最高裁に対し、「取調べ状況の客観的信用性担保のための可視化等を含めた制度・運用について検討を進めること」などを内容とする附帯決議がなされ、可視化立法に向けた足がかりは残された。とはいうものの、審議会は、相当な時間や予算等をかけて、戦後最大のトータルな司法改革を議論する場であった。このような機会に法案が成立しないのであるから、足がかりが残されたというものの、可視化立法実現は相当先のことではないかという危惧感も生じた。

　しかし、弁護士・弁護士会はあきらめなかった。審議会後も、会内委員会で

の調査や議論、外国調査、市民集会の開催等を継続的に行った。また、個々の事件の弁護活動においても、可視化申入れを標準的弁護活動の一つとして位置付ける活動等も行った。

2007（平成19）年には、富山氷見事件、鹿児島・志布志事件、佐賀・北方事件等、虚偽自白や自白強要による冤罪事件が発覚した。これらにも伴い、密室取調べに対する批判が高まった。

同年12月には、廃案となったものの、当時の民主党が、全事件における取調べの全過程録画の義務付けを主な内容とする刑訴法改正案を参議院に提出するなど、国会内でも、可視化立法に向けた動きが広がった。

また、検察や警察も、取調べの一部であるが、録画の試行を始めた。

その後も、足利事件、厚労省事件等、取調べが問題とされる事件が相次いで大きくクローズアップされた。そして、厚労省事件に関連して、2010（平成22）年９月、大阪地検特捜部検事による証拠改ざん事件という重大事件が発覚した。検察や警察の捜査の在り方に対する批判が頂点に達したと言っても過言ではなかろう。

これらを受け、法務省も、直後に「検察の在り方検討会議」を立ち上げた。また、警察も、国家公安委員会委員長主催の「捜査手法、取調べの高度化を図るための研究会」を立ち上げ、可視化も視野に入れた検討が続けられた。

2011（平成23）年６月には布川事件の再審無罪判決が確定し、さらに、取調べの在り方が問題にされた。

そのような中、法務大臣が、法制審議会に対し、「近年の刑事手続をめぐる諸事情に鑑み、時代に即した新たな刑事司法制度を構築するため、取調べ及び供述調書に過度に依存した捜査・公判手続の在り方の見直しや、被疑者の取調べ状況を録音・録画の方法により記録する制度の導入など、刑事の実体法及び手続法の在り方について、ご意見を承りたい」と諮問し（諮問第92号。http://www.moj.go.jp/content/000076298.pdf）、「新時代の刑事司法制度特別部会」において、可視化立法等に関する議論が開始された。

特別部会では様々な議論がなされたし、内外で様々な動きもなされた。弁護士・弁護士会も、会の活動として、あるいは、個々の弁護活動の実践において、可視化に向けた運動等をさらに継続強化した。そのこともあって、最終的に、特別部会は、一部事件ではあるものの可視化を義務付ける法案を答申

4

し、法制審議会でも了承された。国会では、継続審議等の紆余曲折を経たものの、冒頭で述べた通り、可視化義務付けを含む改正法が成立した。

　ところで、可視化義務付けの改正部分の施行は公布から3年後、つまり、2019（平成31）年からであるが、検察は、既に、2014（平成26）6月16日付最高検察庁依命通知に基づき、可視化対象事件等について可視化の本格的試行を実施している。そして、警察も、法案成立後の2016（平成28）年10月1日、可視化法施行に向けた試行を全国的に開始した。既に可視化時代が始まっている。

　他方、弁護側も、可視化時代の刑事弁護の在り方を早急に検討し、実践し、確立していかなければならない。例えば、可視化されることを前提に取調べに臨む被疑者にどのようにアドバイスするのか、可視化されない場合にどのように対応するのか、あるいは、証拠としての録音・録画記録媒体にどのように向き合うのか等である。勿論、法律の意味することを知らなければならないことは言うまでもない。

　本書は、このような観点から、大阪弁護士会取調べの可視化大阪本部内に立ち上げられた「刑事訴訟法301条の2プロジェクトチーム」によって、1年半の議論を経て、作成されたものである。執筆の中心は、60期台の弁護士だが、優れた理論と実践で、既に数々の成果を上げている大阪が誇る刑事弁護人たちである（なお、ミスター可視化・小坂井久弁護士が全体を監修した）。本書が常に机上に置かれ、被疑者被告人の権利擁護に最善を尽くす弁護活動に役立つことを願ってやまない。

　最後に、本書の出版に尽力して下さった現代人文社の成澤壽信社長及び北井大輔氏に、深く感謝する。

2016年11月

大阪弁護士会取調べの可視化大阪本部
本部長代行
西村　健

目　次

はしがき ……………………………………………………………… 3

第1部
コンメンタール

刑事訴訟法301条の2 ……………………………………………… 12

総論 ──────────────────────── 14

1　はじめに ……………………………………………… 14

2　本条の全体像（3項を除く）…………………………… 15

3　本条の全体像と3項 ………………………………… 21

1項 ──────────────────────── 21

1　本項の趣旨 …………………………………………… 21

2　対象事件 ……………………………………………… 22

3　「第322条第1項の規定により証拠とすることができる書面」……… 23

4　「当該事件についての第198条第1項の規定による取調べ（逮捕又は勾留されている被疑者の取調べに限る。第3項において同じ。）」…… 27

5　「第203条第1項、第204条第1項若しくは第205条第1項（第211条及び第216条においてこれらの規定を準用する場合を含む。第3項において同じ。）の弁解の機会に際して作成され」た供述録取書等 …… 29

| 6 | 「被告人に不利益な事実の承認を内容とするもの」 | 30 |

7 「被告人又は弁護人が、その取調べの請求に関し、その承認が任意にされたものでない疑いがあることを理由として異議を述べたとき」 … *30*

8 「その承認が任意にされたものであることを証明するため」 ………… *31*

9 「当該書面が作成された取調べ又は弁解の機会の開始から終了に至るまでの間における被告人の供述及びその状況を第4項の規定により記録した記録媒体」 ……………………………………………… *31*

2項 ——————————————————————— *37*

1 本項の趣旨 ……………………………………………… *37*

2 職権による証拠調べ決定の可否 ………………………… *37*

3 捜査官が例外事由の存在を「誤信」した場合 ………… *39*

3項 ——————————————————————— *39*

1 本項の趣旨 ……………………………………………… *39*

2 対象事件 ………………………………………………… *40*

3 「当該事件についての第198条第1項の規定による取調べ又は第203条第1項、第204条1項若しくは第205条第1項の弁解の機会に際してされた被告人の供述」 …………………………… *40*

4 録音・録画媒体を実質証拠とすることの可否 ………… *41*

4項 ——————————————————————— *43*

1 本項の趣旨 ……………………………………………… *43*

2 柱書 ……………………………………………………… *46*

3 1号の要件「記録に必要な機器の故障その他のやむを得ない事情により、記録をすることができないとき」(物理的支障) ………… *49*

目次 7

4 2号の要件「被疑者が記録を拒んだことその他の被疑者の言動により、記録をしたならば被疑者が十分な供述をすることができないと認めるとき」(供述拒否言動) ……………………… 50

5 3号の要件「当該事件が暴力団員による不当な行為の防止等に関する法律(平成3年法律第77号)第3条の規定により都道府県公安委員会の指定を受けた暴力団の構成員による犯罪に係るものであると認めるとき」(暴力団構成員による犯罪に係るもの) ……………… 53

6 4号の要件「前2号に掲げるもののほか、犯罪の性質、関係者の言動、被疑者がその構成員である団体の性格その他の事情に照らし、被疑者の供述及びその状況が明らかにされた場合には被疑者若しくはその親族の身体若しくは財産に害を加え又はこれらの者を畏怖させ若しくは困惑させる行為がなされるおそれがあることにより、記録をしたならば被疑者が十分な供述をすることができないと認めるとき」(心理的要因による包括例外事由) …………………………………… 56

7 例外事由の立証方法及び時期 ……………………………… 61

第2部
可視化弁護実践シミュレーション
──死体遺棄・殺人事件

捜査 ——————————————————————————— 66

【解説】確認すべき事項 ………………………………………… 67

【解説】アドバイスすべき事項 ………………………………… 68

【解説】例外事由の有無 ………………………………………… 71

【解説】例外事由3号該当性と弁護活動 ……………………… 72

【解説】例外事由2号ないし4号該当性と弁護活動 ………… 73

【解説】非対象事件での逮捕勾留中における対象事件取調べ及び起訴後勾
留中再逮捕前の対象事件取調べ ……………………………… 74

【解説】実況見分の録音・録画 ……………………………………… 76

公判前整理手続 ———————————————————— 76

【解説】公判前整理手続における証拠採否決定の場面での弁護活動 … 77

公判 ——————————————————————————— 87

【解説】公判における任意性立証と録音・録画記録媒体の取調べ方法 … 87

【書式1〜6】 ……………………………………………………… 99

第3部
現段階の弁護実践

取調べ録音・録画制度の施行に向けた弁護活動の展望　110
——運用拡大による全件・全過程記録の実現を目指して

水谷 恭史

1　取調べ録音・録画制度の現在価値 ……………………………… 110

2　現行の実務運用 ………………………………………………… 113

3　取調べ可視化の充実及び拡大を目指す被疑者弁護実践 ………… 115

4　取調べ可視化の運用拡大と定着を目指す公判弁護活動 ………… 123

5　公判における任意性立証と録音・録画記録媒体の取調べ方法 …… 124

6　起訴後勾留中の取調べ廃絶 …………………………………… 131

7　録音・録画記録媒体の実質証拠化への懸念 …………………… 133

目次　9

録音・録画記録媒体の実質証拠利用にどう対応するか　　*139*
栗林 亜紀子

1　証拠能力 ……………………………………………………… *139*

2　検察庁の態度 ………………………………………………… *140*

3　裁判所の態度 ………………………………………………… *140*

4　弁護人としての対応 ………………………………………… *140*

5　まとめに代えて ……………………………………………… *142*

録音・録画記録媒体の公判再生という問題　　*144*
──東京高判平28・8・10をめぐって
小坂井 久

1　はじめに ……………………………………………………… *144*

2　判決の意義と弁護実践上の課題 …………………………… *144*

3　まとめに代えて ……………………………………………… *152*

監修者の、少し長いあとがき ………………………………… *154*

第 1 部

コンメンタール

刑事訴訟法301条の2

1　次に掲げる事件については、検察官は、第322条第1項の規定により証拠とすることができる書面であつて、当該事件についての第198条第1項の規定による取調べ（逮捕又は勾留されている被疑者の取調べに限る。第3項において同じ。）又は第203条第1項、第204条第1項若しくは第205条第1項（第211条及び第216条においてこれらの規定を準用する場合を含む。第3項において同じ。）の弁解の機会に際して作成され、かつ、被告人に不利益な事実の承認を内容とするものの取調べを請求した場合において、被告人又は弁護人が、その取調べの請求に関し、その承認が任意にされたものでない疑いがあることを理由として異議を述べたときは、その承認が任意にされたものであることを証明するため、当該書面が作成された取調べ又は弁解の機会の開始から終了に至るまでの間における被告人の供述及びその状況を第4項の規定により記録した記録媒体の取調べを請求しなければならない。ただし、同項各号のいずれかに該当することにより同項の規定による記録が行われなかつたことその他やむを得ない事情によつて当該記録媒体が存在しないときは、この限りでない。

一　死刑又は無期の懲役若しくは禁錮に当たる罪に係る事件

二　短期1年以上の有期の懲役又は禁錮に当たる罪であつて故意の犯罪行為により被害者を死亡させたものに係る事件

三　司法警察員が送致し又は送付した事件以外の事件（前2号に掲げるものを除く。）

2　検察官が前項の規定に違反して同項に規定する記録媒体の取調べを請求しないときは、裁判所は、決定で、同項に規定する書面の取調べの請求を却下しなければならない。

3　前2項の規定は、第1項各号に掲げる事件について、第324条第1項において準用する第322条第1項の規定により証拠とすることができる被告人以外の者の供述であつて、当該事件についての第198条第1項の規定による取調べ又は第203条第1項、第204条第1項若しくは第205条第1項の弁解の機会に際してされた被告人の供述（被告人に不利益な事実の承認

を内容とするものに限る。）をその内容とするものを証拠とすることに関し、被告人又は弁護人が、その承認が任意にされたものでない疑いがあることを理由として異議を述べた場合にこれを準用する。

4　検察官又は検察事務官は、第1項各号に掲げる事件（同項第3号に掲げる事件のうち、関連する事件が送致され又は送付されているものであって、司法警察員が現に捜査していることその他の事情に照らして司法警察員が送致し又は送付することが見込まれるものを除く。）について、逮捕若しくは勾留されている被疑者を第198条第1項の規定により取り調べるとき又は被疑者に対し第204条第1項若しくは第205条第1項（第211条及び第216条においてこれらの規定を準用する場合を含む。）の規定により弁解の機会を与えるときは、次の各号のいずれかに該当する場合を除き、被疑者の供述及びその状況を録音及び録画を同時に行う方法により記録媒体に記録しておかなければならない。司法警察職員が、第1項第1号又は第2号に掲げる事件について、逮捕若しくは勾留されている被疑者を第198条第1項の規定により取り調べるとき又は被疑者に対し第203条第1項（第211条及び第216条において準用する場合を含む。）の規定により弁解の機会を与えるときも、同様とする。

一　記録に必要な機器の故障その他のやむを得ない事情により、記録をすることができないとき。

二　被疑者が記録を拒んだことその他の被疑者の言動により、記録をしたならば被疑者が十分な供述をすることができないと認めるとき。

三　当該事件が暴力団員による不当な行為の防止等に関する法律（平成3年法律第77号）第3条の規定により都道府県公安委員会の指定を受けた暴力団の構成員による犯罪に係るものであると認めるとき。

四　前2号に掲げるもののほか、犯罪の性質、関係者の言動、被疑者がその構成員である団体の性格その他の事情に照らし、被疑者の供述及びその状況が明らかにされた場合には被疑者若しくはその親族の身体若しくは財産に害を加え又はこれらの者を畏怖させ若しくは困惑させる行為がなされるおそれがあることにより、記録をしたならば被疑者が十分な供述をすることができないと認めるとき。

総論

1 はじめに

　我が国の取調べは、国家権力としての捜査官と一私人としての被疑者が密室で対峙するというあまりにアンバランスな構造をとってきた。その場では弁護人の援助も受けられなければ、もとより自由に情報にアクセスすることもできないが、そういう中で「訊問」にさらされ続けたうえで供述調書という名の「作文」調書が出来上がっていたのである。これには長い歴史があるが、本条は、そのような密室取調べに、初めて制度としての光を差し込む画期的な法改正である。

　もちろん、今回の法改正による制度は完璧なものでは全くない。まず、対象事件が限定的であるうえ、例外事由が存在し、その例外事由に広範な解釈を残す余地さえあるともいわれ、とても手放しで評価しうるものではないところである。

　しかし、この法律ができることにより、逮捕・勾留下の取調べ「全過程」（「全過程」という表現は逮捕・勾留下であることを示す）録音・録画義務の原則という基軸が設定され、捜査官はこのような原則が存在する法制度のもとにおかれる。言い換えれば、「全過程」録音・録画義務化を軸にしつつ、捜査官は、いついかなるときも「録音・録画」というツールを「使いうる」という「規範」のもとにあることとなる。その「記録媒体」を後の公判活動のために「残しうる」ことも明白になったわけである。仮に例外事由が存在しても、この理は変わらない。そして、このような状態が生まれた経過をきっちりと認識しておく必要がある。すなわち、法制審議会「新時代の刑事司法制度特別部会」の議論と結果、さらに、衆参両法務委員会での議論と各附帯決議を含む、法成立過程と結果である。

　このような「経過」の果ての「状態」を訴追官としての検察官は、「背負わされた」というべきである。このような状態が、現に存在する。にも拘わらず、あえて録音・録画をしないというのであれば、控え目に言っても、相当の

合理的理由が必要となると考えられる。それが道理であろう。そして、その結果、任意性立証には明確な基準が見出されることとなり、これは事実上任意性立証のハードルを引き上げる機能をもつこととなろう。すなわち、検察官は公判廷において、任意性立証のための最適の証拠（ベストエビデンス）を残しえたにも拘わらず、もしそれが存在しないときは、それをしなかった相当の合理的理由の存在を明確にするところから立証を始めなければならず、立法前のスタート地点と比べ極めて厳しい地点から立証活動を開始しなければならない。今回の法制度は、このことを意味するというべきである。

これだけを捉えても、本条の制定が硬直した刑事司法全体に与える意義は極めて大きいことが判る。

2　本条の全体像（3項を除く）

⑴　条文を読む順序

本条は概括的理解をすることが困難といえる複雑な条文構造をとっている。

一般的にいって、法律は1項から、すなわち前から順に読んでいけば適切に理解が進むことが多い。しかし、この301条の2は、1項から順に読んではならないというべきである。かえって、前から順に読むことが理解を妨げる原因となるとさえいえよう。

本条を理解しようとする際に読むべき各項の順序は、「4項→1項→2項」である。なぜなら、後述する通り、4項が行為規範として広範に取調官に録音・録画義務を認める総則的規定であり、いわば可視化法の根本規範であるのに対して、1項及び2項は証拠法（証拠調べ）の規定として、録音・録画記録媒体の存否が後の（つまり、公判ないし公判前整理手続段階の）訴訟手続きでどのように扱われるかを規定するものだからである。刑事手続の流れという時間的順序からいっても4項が先になることは疑いがない。

ここで先んじて極めて概括的に本条の全体構造、ひいては法301条の2により創設された録音・録画制度の大まかなスキームを示しておく。

すなわち、改正刑訴法301条の2においては、

①　4項により、（例外事由を除き）被疑者取調べの「全過程」録音・録画

が義務付けられ

② 1項により、検察官は被告人の自白調書（ないし自供書——弁解録取書や場合によっては実況見分調書を含む。以下、自白ないし不利益事実の承認を内容とするものを統括して単に「自白調書」と表現することがある）を証拠請求し、その任意性が争われた場合には、録音・録画記録媒体を証拠請求しなければならなくなり

③ 2項により、その請求義務が検察官により果たされなければ、自白調書の証拠請求が却下される

こととなったのである。

　なお、1項及び2項が被告人の自白調書を証拠請求した場合の規定であるのに対して、3項は刑訴法324条に基づく取調官証人の伝聞供述への本条の準用を定めるものであり、その適用場面は極めて限定的であることが明らかである。そのため、概括的理解にあたっては、ひとまず3項を除く各条文のみに触れることとする。

⑵　4項の概要

　4項は、取調べを担当する検察官と司法警察職員の双方に対して裁判員裁判対象事件及び検察独自捜査事件について取調べ「全過程」の録音・録画義務を定める可視化法の総則的規定であり、いわば根本規範である。

　本来であれば、4項を条文の顔である1項として定め、総則的に録音・録画義務の存在を宣言し、その後、その義務違反が訴訟手続き上どのような意味を持つのかが2項以下で語られるべきであった。

　しかし、本条はあえて総則的規定を4項として後回しにし、訴訟手続き上の扱いを1項及び2項に委ねたのである。その結果、本条全体が証拠法（証拠調べ請求）の規定として扱われ、自白の証拠調べ請求の時期を定める法301条の枝番として規定されることとなった。本来であれば捜査法の規定として法198条の枝番近辺に置かれるはずの条文が、このねじれた構造をとることにより、証拠法上の規定であるかのように位置付けられることとなったのである。ここには、立法者ないし捜査当局側として、行為規範としての捜査法と理解しようとすることを事実上可能な限り避け、あくまでも公判における立証のためのルールととらえようとする意図・思惑が見え隠れするとい

うべきであろう（しかし、だからといって、4項が捜査を規制する根本規範であるとの本質が何ら変わるわけではない——第189回国会平27・6・9衆議院法務委員会における上川陽子法務大臣の答弁参照）。

4項は、1項で定める事件、すなわち裁判員裁判対象事件及び検察独自捜査事件の取調べにおいては、4項各号に定める例外事由に該当しない限り、取調べ（弁解録取を含む）の「全過程」を録音・録画することを義務付けるものである。本条の最も重要な意義は、本項柱書において取調べ「全過程」の録音・録画が義務付けられたことにある。他方で、本項の解釈としては、例外事由として定められた各号をどう解するかという問題があるが、この点は後の各条文解説で触れることとする。

概括的理解のために、4項のうち括弧書きや複雑な条文の引用、例外事由を除き、「第1項各号」の文言に該当する事件を代入するなどして骨格だけを抜き書きすれば、以下のような記載になる。なお、これはあくまで概括的理解のための便宜的手法であり、厳密には自ら各条文のひとつひとつの文言に着目の上、慎重に読まれたい。

> 4　検察官は、裁判員裁判対象事件及び検察官独自捜査事件について、逮捕若しくは勾留されている被疑者を取り調べるとき又は弁解の機会を与えるときは、例外事由のいずれかに該当する場合を除き、被疑者の供述及びその状況を録音及び録画を同時に行う方法により記録媒体に記録しておかなければならない。
> 　司法警察職員が、裁判員裁判対象事件について、逮捕若しくは勾留されている被疑者を取り調べるとき又は弁解の機会を与えるときも、同様とする。

(3)　1項の概要

4項で定められた義務は、訴訟手続きにおいてはどのように扱われるのであろうか。それを定めるのが1項以下である。

1項は、公判（ないし公判前整理手続）段階において、検察官が被告人による自白調書を証拠調べ請求し、弁護人または被告人がこの任意性を争った場合には、検察官は「当該取調べ時」の録音・録画記録媒体を証拠請求しなけれ

第1部　コンメンタール　　17

ばならないことを定めている。

　すなわち、自白調書の任意性が争われた以上は、検察官は録音・録画記録媒体の証拠調べ請求義務を負うことが手続法上求められているのである。ただし、4項の例外事由各号に該当する場合はこの限りではない。また、「当該取調べ時」については広狭様々な考えがありうる。

　本条1項以下は、あくまでも録音・録画義務の履践状況が自白調書の証拠採用の前提条件としてどのように作用するかを定めるものであって、任意性に関してこれまでの実務でなされてきた攻防は変わらずなされうるという点には注意が必要である。すなわち、本条に基づいて自白調書の証拠請求却下がなされなかったという場合であっても、これにより任意性が即座に肯定されるわけではない。そこから改めて任意性に関する判断がなされることとなる。つまり、検察官が主張する例外事由該当性が肯定され（もしくは請求範囲について裁判所が狭義説などに立ち）、その結果、本条2項却下がなされないことがあるとしても、それだけで任意性が肯定されるわけではなく、そこから検察官は任意性の立証責任を果たす立証活動を開始することになるのである。しかも、その立証において、録音・録画記録媒体というベストエビデンスを一部欠くところがあるとすれば、そうである以上、相当ハードルの高い作業になるはずである。

　これは、1項の求める録音・録画記録媒体自体は存在しても、それ以外の記録が（例外事由もなしに）なされていないというケースにおいても同様である。その場合は、4項に違反しつつ、1項違反はないという状態となるが、このような場面では、4項と1項の間に録音・録画対象範囲の差が存在することが顕在化することとなる。その結果、本条2項却下はなされない（2項却下の有無は、あくまで1項の求める録音・録画記録媒体の請求義務を果たしたか否かにかかる）。しかし、この不却下を受けて弁護人が任意性を争う具体的な事情を明示したときに、その「事情」が録音・録画記録媒体が存在しない場面での違法・不当な取調べを示しているとすれば、2項却下自体はなされないとしても、任意性立証において、その「事情」の存否を録音・録画記録媒体なしに認定することが可能とも思われない。このような状況にまで至れば、検察官にとっては、本来義務があったのに録音・録画をしていなかったという状況を前提に、つまりあるべきベストエビデンスがないということ

を前提に、立証責任を負うこととなる。そのハードルは極めて高いものとなろう（なお、このような場合も、必ず1項・2項の問題になるべきだと解する立場もあろう）。

　ことほど左様に、任意性の最終的な存否は、本条のスキームのみで語りつくされるものではなく、任意性を疑わせる「事情」の内容如何に大きく左右されることとなる。

　弁護人は、本条2項却下がなされないからといって、任意性論争が直ちに決着しているわけではないことを厳に意識し、これまで同様（これまで以上に）、任意性の疑いを導く具体的主張を行って、十分な任意性立証を検察官に促すべきである。なお、弁護人としては、4項違反があるときは、違法収集証拠排除の主張も併せ検討することになるであろう。

　本項の概括的理解のために、4項同様、1項も骨格だけを抜き書き等すれば、以下のようになる。

1　裁判員裁判対象事件及び検察独自捜査事件については、検察官は、被告人の供述調書であつて、当該事件についての取調べ（逮捕又は勾留されている被疑者の取調べに限る。）又は弁解の機会に作成され、かつ、被告人に不利益な事実の承認を内容とするものの取調べを請求した場合において、被告人又は弁護人が、その取調べの請求に関し、その承認が任意にされたものでない疑いがあることを理由として異議を述べたときは、その任意性を証明するため、当該書面が作成された取調べの開始から終了に至るまでの間における被告人の供述及びその状況を記録した記録媒体の取調べを請求しなければならない。ただし、第4項例外事由のいずれかに該当することにより記録が行われなかつたことその他やむを得ない事情によつて当該記録媒体が存在しないときには、この限りでない。

　繰り返すが、注意が必要なのは、4項では取調官の行為規範として「全過程」の録音・録画が義務付けられているにも拘わらず、1項により請求義務を負うのは「当該書面が作成された取調べの開始から終了に至るまでの間」とされていることである。文言のみからすれば、4項により録音・録画が義

務付けられる範囲の方が広く、1項により証拠調べ請求が義務付けられる範囲の方が狭い。この点は、請求義務の範囲として、公判前整理手続ないし公判において尖鋭な対立を生む可能性があるため、各項の解釈において詳細に述べることとする。

⑷　2項の概要

　以上のとおり、4項により課された録音・録画義務を履行した結果作成された（もしくは作成されるべきであった）録音・録画記録媒体は、1項により公判において検察官に証拠請求義務があることが明示された。

　しかし、検察官がその請求義務を果たさなかった場合、すなわち請求すべき録音・録画記録媒体が存在しない場合、手続き上どのような扱いを受けるのであろうか。それを定めたのが2項である。

　2項においては、検察官が1項による義務を懈怠した場合（すなわち4項に基づく録音・録画記録媒体が存在せず、証拠請求できない場合若しくは録音・録画記録媒体は存在するにも拘わらず「開始から終了に至るまでの間」の一部しか請求しない場合）には、検察官が元々請求していた被告人の自白調書の証拠請求を、裁判所は却下しなければならないこととされている。

　これは裁判所に課された義務であり、例外は認められていない。つまり、例えば4号所定の例外事由がないにも拘わらず、録音・録画義務を懈怠することは、当該取調べで作成された供述調書の証拠採用に不可欠な条件を欠くことを意味し、ひいては証拠採用の可能性がまずなくなることを意味するのである。なお、「まずなくなる」と記載したのは、2項却下後の職権採用の可否について若干の議論があるためである。この点は、後述する。

　その意味で、2項は義務を懈怠した検察官に対するサンクションを定める規定であり、4項が総則的に定めた録音・録画義務の履行を手続法上担保する機能を有するものである。

　2項はさほどに長文ではないが、1項及び4項同様、若干簡略化する。

　　2　検察官が第1項の規定に違反して記録媒体の取調べを請求しないときは、裁判所は、決定で、被告人供述調書の取調べの請求を却下しなければならない。

3　本条の全体像と3項

　本条の概括的理解にとっては、以上の4項→1項→2項の理解が不可欠である。他方で、若干適用場面を異にするのが3項である。

　3項は、法324条により、被疑者が取調べで明らかにした供述内容を、取調官が法廷で証言する、いわゆる伝聞供述にも本条の適用があることを示している。

　この法324条は、現在の実務においてはほとんど用いられていないものであるため、馴染みがうすいが、録音・録画記録媒体の実質証拠論との関係では、賛否両説の極めて重要な根拠となるため、各項の解釈で述べることとする。

（川﨑拓也）

1項

1　本項の趣旨

　本項は、法322条1項によって被告人の供述書または被告人の署名若しくは押印のある供述録取書（以下、自白ないし不利益な事実の承認を内容とするものであるところ、「被告人自白調書」ということがある）の取調べを請求する際の任意性の立証方法を制限し、検察官に対し、当該被告人自白調書が作成された際の被告人の供述及び取調べ状況を録音・録画したDVD・ブルーレイディスク等の記録媒体（以下「録音・録画記録媒体」または単に「記録媒体」と略称する）の証拠調べ請求を義務づけるものである。なお、あくまで検察官に請求義務を課すものであって、裁判所に録音・録画記録媒体の取調べ義務を課す規定ではない。

　本項は、公判における立証方法を一定の証拠に制限するという意味での立証方法の制限規定として、刑訴法中の証拠法領域（証拠調べに関する規定）

第1部　コンメンタール　　21

に位置づけられ、本項を含む規定全体に301条の２という条文番号が割り当てられている。取調べ可視化の法制化を検討した法制審議会新時代の刑事司法制度特別部会（以下、「特別部会」という）では元々、違法な被疑者取調べの根絶に主眼を置き、取調官による違法ないし不当行為の監視・抑止策として取調べ録音・録画の導入が議論されたといえる（その議論状況からすれば、捜査段階における被疑者取調べの「全過程」録音・録画を義務付ける本条４項は301条の２に位置づけられるのではなく、本来、被疑者取調べの総則的ルールを定めた刑訴法198条に続く「同法198条の２」として定められるべきであったものと思われる）。そのうえで、対象事件の捜査段階における身体拘束下の被疑者取調べ「全過程」の録音・録画が確実に行われるよう、実効性を担保する目的で設けられたのが本項である。すなわち、自白調書、あるいは不利益事実を承認する内容の被告人自白調書による罪体の立証に関し、当該自白調書の証拠能力を左右する供述の任意性の立証手段を録音・録画記録媒体に制限することにより、検察官が将来の公判における乙号証の証拠調べ請求で被疑者供述の任意性に争いが生じる可能性をも考慮しつつ、任意性の立証手段を確保するため、のみならず、これを手段としつつ、まさに、適正な取調べをこそ全うするために、被疑者取調べ「全過程」の録音・録画を行おうとするインセンティブを設定したのである。

2　対象事件

　本項により、被告人自白調書に関する任意性の立証方法に関し、録音・録画記録媒体の証拠調べ請求義務が課される対象事件は、裁判員裁判対象事件と、検察官が独自に捜査を行う事件である。

(1)　「死刑又は無期の懲役若しくは禁錮に当たる罪に係る事件」

　裁判員の参加する刑事裁判に関する法律（以下「裁判員法」という）2条1項1号の定める裁判員裁判対象事件であり、殺人（刑法199条）、現住建造物等放火（刑法108条）、強盗致死・強盗殺人（刑法240条後段）等の刑法犯のほか、営利目的覚せい剤輸入（覚せい剤取締法41条2項）、けん銃等発射（銃砲刀剣類所持等取締法31条）、組織的殺人（組織的な犯罪の処罰及び犯罪収

益の規制等に関する法律3条1項3号、2項）等の特別刑法犯が該当する。

⑵ 「短期1年以上の有期の懲役又は禁錮に当たる罪であつて故意の犯罪行為により被害者を死亡させたものに係る事件」

　裁判員法2条1項2号の定める裁判員裁判対象事件（裁判所法26条2項2号の定める法定合議事件のうち故意に人を死亡させた事件であって、死刑又は無期の懲役若しくは禁錮に当たる罪を除く）であり、傷害致死（刑法205条）、危険運転致死（刑法208条の2）、遺棄等致死（刑法219条）等が該当する。

⑶ 「司法警察員が送致し又は送付した事件以外の事件（前2号に掲げるものを除く。）」

　司法警察員（巡査部長以上の警察官のほか、自衛隊警務官、一定階級以上の海上保安官、労働基準監督官、麻薬取締官等が該当する）が検察官に送致ないし送付した事件以外の事件であり、検察官が独自に捜査を行う事件を指す。東京・大阪・名古屋の各地方検察庁に設置された特別捜査部、あるいは、全国10都市の地方検察庁に設置された特別刑事部に所属する検察官が捜査を行う経済犯罪、贈収賄等が典型である。

3　「第322条第1項の規定により証拠とすることができる書面」

　録音・録画記録媒体によることが義務付けられた任意性立証の対象は、刑訴法322条1項により証拠能力を付与される被告人自白調書である。前述したとおり、ここでは自白調書という言葉を、不利益事実の承認を含む、警察官、検察官が作成した供述録取書、被疑者自身が作成した供述書、自供書、上申書などすべてを含むものとして用いている。

⑴　被疑者供述を記載した実況見分調書等

　典型的な供述録取書ないし供述書のほかにも、本項の対象として捉えるべき捜査書類が存在する。捜査官が作成した被疑者による犯行再現状況を記録した実況見分調書や、被疑者を立ち会わせて行った実況見分調書中の被疑者

第1部　コンメンタール　　23

の現場供述を記載した部分が、犯罪事実を立証する実質証拠として証拠調べ請求される場合がある。これらの実況見分調書（書類の表題は「捜査報告書」である場合もある）が、刑訴法326条に基づく同意によらず証拠能力を備えるためには、同法321条3項所定の要件に加えて、被疑者（被告人）の供述録取部分は同法322条1項所定の要件を充たす必要がある。実況見分調書には、単なる指示説明を超えて、立ち会った被疑者の現場における供述が記載される場合があるからである。

　また、身体の挙動を用いた供述の録取と解される犯行再現状況の記録写真も、署名押印の要件を除き、同法322条1項の要件を備える必要がある（最二決平17・9・27刑集59巻7号753頁参照）。その意味で、犯行再現実況見分や現場供述は、被疑者の自白調書と変わるところはなく、その帰結として、被疑者（被告人）の現場供述を記載した実況見分調書や犯行再現実況見分調書等が刑訴法322条1項により実質証拠として証拠調べ請求された場合、本項により、検察官は録音・録画記録媒体の証拠調べ請求義務を負う。

　本条の制定を答申した特別部会の第1作業分科会第2回会議でも、典型的な供述録取書以外に適用があり得る証拠について検討された結果、被疑者供述を記録した実況見分調書が本項の対象となることが確認されている（本論点について、井上正仁分科会長、後藤昭委員、小坂井久幹事との間で条文上明確にするか否かの議論が行われているが、条文の記載として書きこむか否かは別論、本項の如き立証方法制限規定の適用があることは確認されている）。さらに、本条を含む刑訴法改正案を審議した衆議院法務委員会においても、被疑者・被告人に対する取調べが取調室外で行われる場合であっても、本条4項による録音・録画義務の対象となることが確認されている（衆議院法務委員会平27・5・27林法務省刑事局長答弁）。

　ただし、捜査実務上、本法の成立時点では、取調室外における被疑者の供述状況を動画で撮影する運用が実施されているとはいい難い。被疑者の犯行再現（しばしば勾留されている警察署内の施設等を用いて行われることがある）の全体状況等、取調室以外の場所における被疑者供述を録音・録画する運用の速やかな導入と定着が今後の課題である。

⑵ 録音・録画記録媒体それ自体が「第322条第1項の規定により証拠とすることができる書面」にあたるか

ア　まず、本項制定前からの議論を検討する。録音・録画記録媒体には、供述者の署名押印が存在しないという点から、実質証拠としての利用を禁じる趣旨を読み取ることは可能か。

　確かに、先に引用した最二決平17・9・27は、被疑者の犯行再現写真が証拠能力を備えるためには、刑訴法321条3項及び同法322条1項の要件を充たす必要があるものの、撮影、現像等の記録過程が機械的操作によってなされるために再伝聞による誤りの危険がないとの判断から、再現者の署名押印は不要とした。同判例に照らせば、取調べにおける被疑者の供述を機械的操作によって記録した録音・録画記録媒体は、一見すると、被疑者の署名押印がなくとも322条1項のその余の要件を満たせば、実質証拠としての証拠能力を備えるかのように思われる。

　しかし、機械的操作であることが署名押印に代替するかどうかは検討の余地がある。まず、捜査機関が日常的にデジタルビデオやデジタルカメラを活用するようになり、街頭に設置された防犯ビデオカメラ等で撮影された映像が重要な証拠として取り扱われることも増えた今日にあって、改変・加工自体は容易でないともいえない。すなわち、データ加工の痕跡を抹消する技術も存在するデジタルデータの特徴を前提とすると、上記判例の述べるとおり、捜査機関が撮影・収集した動画や画像が機械的操作によって正確に記録され、恣意の入り込む余地のない証拠といいうるかについて、疑問が生じる。上記判例が前提とした撮影時の状況の機械的かつ忠実な記録であるということは必ずしも保障されているわけではない。

　また、被疑者が署名押印ないし指印する以前に、供述内容の検証・訂正の機会が一応保障される供述録取書（刑訴法198条4・5項）と異なり、録音・録画記録媒体は、被疑者の勘違いや言い間違い、あるいは取調官の誤解や誤導によって誘導された誤った供述を被疑者自ら検証し、訂正を求める機会がないから真実性が担保されていないため、およそ実質証拠たり得ないとする見解もある（正木祐史「被疑者取調べの『可視化』——録画DVDの証拠利用の是非」法律時報84巻9号〔2012年〕16頁を参照）。

　さらに、公判中心主義の観点から、録音・録画記録媒体を実質証拠ととら

えることに対する抵抗感も示されている。

　これらの議論に対しては、公判廷外供述であるところの自白調書や刑訴法324条に基づく伝聞供述に対する証拠能力付与規定がある以上、法解釈の問題としては、公判中心主義は一定の範囲で後退しているとも解し、実質証拠化もやむをえないとの見解がある。実際、刑訴法324条が、署名押印を必要とせずに、供述者の供述を伝聞例外として認めていることとの整合性を如何に考えるか、問題となろう。

　イ　従来以上のような議論状況にあったものであるところ、本項の制定によって、実質証拠化問題は決着したとみるべきである。すなわち、捜査段階の被疑者供述及び取調べ状況を記録した録音・録画記録媒体は、形式的に本項の「書面」に当たらないが、この場合、記録媒体は無条件に実質証拠になるとの考えと、逆に、記録媒体が実質証拠になることを想定していない場合の2つが考えられる。結論を言えば、本条の法解釈として、録音・録画記録媒体は「322条1項の規定により証拠とすることができる書面」に当たらないし、実質証拠にもならないと解すべきである。本条は、検察官が証拠調べ請求した自白調書に表れる被疑者（被告人）供述の任意性に関する補助証拠として録音・録画記録媒体を用いること（のみ）を想定しており、録音・録画記録媒体に表れる供述を実質証拠として用いることを予定していないというべきだからである。

　そもそも、捜査段階の取調べや供述証拠に過度に依存しないという、立法趣旨がこれを裏付けているというべきであろう。そして、文言解釈としても、次のとおり解される。すなわち、実質証拠としての利用が予定されるというならば、録音・録画記録媒体に記録された被疑者（被告人）供述が罪体に関する事実の有無を立証趣旨とする実質証拠として証拠調べ請求され、当該供述の任意性に疑いがある場合、録音・録画記録媒体に記録された被疑者（被告人）供述の任意性立証は、証拠調べ請求証拠そのものによることになる。そうすると、罪体に関する事実認定において、証拠能力のない自白調書が用いられることによる誤った心証の形成を防ごうとする刑訴法322条1項の趣旨が全く没却されてしまう。本条が録音・録画記録媒体を被疑者（被告人）供述の任意性に関する補助証拠としてのみ取り扱う趣旨で定められたことは、伝聞供述における被疑者（被告人）供述の任意性立証についても本項

の適用があることを定める本条3項の趣旨に照らせば、一層明らかとなろう（詳細は3項の解説を参照されたい）。逆に、記録媒体である限り、どんな「一部」記録媒体でも1項の規制を受けることはないとするのは、如何にも不合理といわざるをえない。

　したがって、本条によって、記録媒体を実質証拠化する余地はなくなったと解されるのである。なお、最二決平17・9・27は、実況見分調書中の被疑者による犯行再現写真を実質証拠として取り扱う際の規範を示した判示であり、本条により実質証拠として取り扱わないことが明示された録音・録画記録媒体に同決定の射程は及ばないと解することとなろう。

4　「当該事件についての第198条第1項の規定による取調べ（逮捕又は勾留されている被疑者の取調べに限る。第3項において同じ。）」

(1)　逮捕又は勾留により現に身体を拘束されている被疑者が、対象事件について取調べを受けた際に作成された供述録取書等の証拠調べ請求を検察官が行う場合、本項の適用があることを定めるものである。本項の適用対象は、身体拘束下で作成された供述録取書等に限られるが、本項の文言解釈上、被疑者が、当該被疑事実に基づき逮捕・勾留されていることまで規定されてはおらず、それは要件ではない（条文上、単に「逮捕又は勾留されている被疑者」としか規定されていない）。また、4項においては「検察官又は検察事務官は、第1項各号に掲げる事件……について、逮捕若しくは勾留されている被疑者を第198条第1項の規定により取り調べるとき」と規定しており、「逮捕若しくは勾留」の前に「、」を入れることにより、当該被疑事実による身体拘束を前提にしていないことを明示している。よって、別件被疑事実に基づき逮捕・勾留されている間の取調べで作成された本件に関する供述録取書等についても、「当該事件についての……取調べ」によって作成された以上、本項の適用対象である（死体遺棄容疑で逮捕・勾留されている被疑者について、殺人の被疑事実に関する取調べが行われ、作成された供述録取書はもちろんのこと、起訴勾留中のいわゆる「任意取調べ」で作成された対象事件に係る供述録取書なども含まれる－後述する）。

第1部　コンメンタール　　27

本条は、身体拘束下で行われる取調べが類型的に任意性のない自白を強要してきた反省に立っている。その立法趣旨は、別件逮捕による自白強要等によって、本件に生じうべき違法を免れようとする潜脱行為を防ぐ実質的趣旨をも有するのである。この点は特別部会の議論でも確認されているといえよう。

(2)　任意性に疑いのある被疑者自白調書が作成された、その取調べが本項の適用対象となり、検察官が当該取調べ状況を記録した録音・録画記録媒体の証拠調べ請求義務を負うことに疑いはない。「当該事件についての取調べ」をどのように特定するかは、「当該書面が作成された取調べ又は弁解の機会の開始から終了に至るまでの間」の解釈と連動し、客観的側面と主観的側面の双方の観点で検討が必要であることから、後に詳述する。

(3)　ただし、起訴後勾留時の取調べについては、若干の議論がある。参議院法務委員会の質疑及び参議院附帯決議によれば、起訴後勾留中・別件逮捕勾留前の取調べにおいては、本項及び4項の適用がないかのような見解が示されているところである。しかし、起訴後勾留時の取調べが対象外であるとの解釈は、端的に誤りというべきであろう。文言解釈上、「逮捕又は勾留」と規定されている以上、あえて起訴後勾留を除く解釈はとりえないし、実質的に見ても身体拘束を利用してなされるものである以上、当然に録音・録画がなされるべきである。
　検察及び警察の論理としては、取調べ室への出頭滞留義務がないこと及び「被疑者の取調べ」と記載されていること（当否は措くとして「起訴後勾留は被告人であって被疑者ではない」とする形式論的考え方）を根拠にするようであるが、本条はあくまで現実に身体の自由があるか否か（すなわち、身体拘束の有無）に重きを置いて規定されているものであり、そのような考えは妥当ではない。制度趣旨に照らしても、条文解釈上も、起訴後勾留中の被告人に対する対象被疑事件に関する取調べは、対象被疑事件を聴取する限りにおいて「被疑者」であることは疑いようもなく、当然に録音・録画義務の対象と解すべきである。
　起訴後勾留中の被告人が「逮捕又は勾留されている被疑者」ではないこと

を理由に録音・録画のない取調べを強行しようとする捜査機関があれば、これには、弁護実践で対抗して脱法的な取調べを阻止すべきである。起訴後勾留中の被告人が別件被疑事実に関する取調べ受忍義務及び取調室への出頭滞留義務を負わないことについては、捜査機関も争わない。これを根拠に、起訴後勾留中の被告人に対し、別件に関する取調べはもちろん、取調室への出頭も拒絶させるべきである。それでもなお、起訴後勾留中の取調べで任意性に疑いのある自白調書が作成され、検察官が取調べを請求した場合は、本項の趣旨に則り、録音・録画記録媒体の取調べによる任意性立証が為されない限り証拠採用される余地はないとして、本条2項による証拠調べ請求却下を主張することになろう。

ちなみに、いわゆる被告人取調べそのものについても、その立法趣旨に照らし、本項の準用があると解すべきである。

5　「第203条第1項、第204条第1項若しくは第205条第1項（第211条及び第216条においてこれらの規定を準用する場合を含む。第3項において同じ。）の弁解の機会に際して作成され」た供述録取書等

司法警察員又は検察官による通常逮捕、緊急逮捕ないし現行犯人逮捕の直後、あるいは、身体拘束を受けた被疑者が検察官に送致された後、検察官によって作成される弁解録取書を証拠調べ請求する場合にも本項の適用があることを定めるものである。弁解録取の際、取調官は、被疑者に対して具体的被疑事実を告げて認否を求めるのであり、自白強要等の違法・不当な取調べが行われる危険は、先述の被疑者取調べ一般と異ならない。

なお、裁判官の勾留質問においても、捜査官による弁解録取と同様、被疑者に被疑事実を示して認否その他の被疑事実に関する供述が記録されるが、本条による録音・録画の対象ではない。したがって、検察官が、不利益事実の承認を内容とする勾留質問時の被疑者供述を罪体立証に用いようとして勾留質問調書の証拠取調べを請求する場合、そもそも存在しない録音・録画記録媒体の証拠調べ請求義務は生じないことになる。

共犯者の罪体立証に利用する目的で、身体を拘束されている被疑者につい

第1部　コンメンタール　29

て、第1回公判期日前に捜査のための証人尋問（刑訴法226条、227条）が行われた場合の尋問調書も本項の対象ではない。捜査機関とは独立した第三者である裁判官の主宰する手続であって、捜査官による違法・不当な「取調べ」という要素が抑制され得ることに加えて、逐語録として尋問調書が作成されるために、尋問の経過及び供述状況がその意味で「可視化」され、供述の任意性に疑いが生じる危険が類型的に小さく、供述内容の事後的な検証自体は可能であるからと解すべきであろうか。

6　「被告人に不利益な事実の承認を内容とするもの」

　刑訴法322条の定める証拠能力付与の要件と同様に解すべきであり、被疑事実の自白を内容とするものにとどまらず、被疑者が被疑事実に現れた犯罪を行ったことを推認させる（と検察官が主張する）間接事実の承認を内容とする供述録取書等の証拠調べ請求であっても、本項による任意性の立証ルールの対象となる（補助事実についても同様に解されるであろうか）。

7　「被告人又は弁護人が、その取調べの請求に関し、その承認が任意にされたものでない疑いがあることを理由として異議を述べたとき」

　刑事事件における検察官の立証責任原則及び本条の立法趣旨に基づき、本項によって検察官が録音・録画記録媒体の証拠調べ請求義務を負う要件は、被告人又は弁護人が、取調べを請求された自白調書に表れた供述の任意性に疑いがあることのみを指摘すれば充たされ、被告人又は弁護人が、供述の任意性に疑いがあることを基礎づける具体的事情の主張責任を負わないものとされている。被告人・弁護人が任意性に疑いがあるとのみ主張して取調べに異議がある旨述べることによって、検察官は直ちに当該自白調書の作成にかかる取調べの状況を記録した録音・録画記録媒体の証拠調べ請求義務を負うのである。

　ただし、どの範囲の取調べについて録音・録画記録媒体の証拠調べ請求義務が発生するかを画定する限度で、供述の任意性に影響を及ぼした可能性の

ある取調べを特定するための具体的事実ないし事情を明らかにする必要が生じることはあると考えられる（この点に関する詳細は後記9で述べる）。

8 「その承認が任意にされたものであることを証明するため」

検察官が取調べを請求した自白調書に現れた不利益承認供述の任意性を証明する証拠として、録音・録画記録媒体を用いる本項の目的を明示したものである。先に指摘したとおり、本項が、供述の任意性を証明する補助証拠として録音・録画記録媒体を位置づけ、罪体を立証する実質証拠を予定していない（許容しない）ことをも示すものと解すべきである。

9 「当該書面が作成された取調べ又は弁解の機会の開始から終了に至るまでの間における被告人の供述及びその状況を第4項の規定により記録した記録媒体」

検察官は、被告人又は弁護人が任意性に疑いがあることを指摘した場合、取調べを請求した自白調書が作成された取調べ又は弁解録取の機会の「開始から終了に至るまでの間」の被告人供述及びその状況を記録した録音・録画記録媒体の一切を、供述の任意性を証明する補助証拠として証拠調べ請求する義務を負うことを定めたものである。

(1) 「開始から終了に至るまでの間」の意義
「開始から終了に至るまでの間」の録音・録画記録媒体の証拠調べ請求が必須となることを前提に、「当該書面が作成された取調べ」又は「弁解の機会」の「開始」及び「終了」の意義が問題となり、これ（とりわけ「開始」）をいかに捉え、画定するかが問題となる。「当該事件についての第198条第1項の規定による取調べ」の解釈と連動するものである。
「弁解録取の機会の開始から終了に至る間」と一口に言っても、たとえば、逮捕状の発付を受けたうえで被疑者を取調室に任意同行し、任意取調べと称して自白ないし不利益事実を承認する供述を得た時点で逮捕状を執行して、引き続き弁解を録取する場合を想定すれば、どの時点で弁解録取が開始され

第1部　コンメンタール　　31

たといいうるのか議論があり得よう。弁解録取それ自体は、形式的には逮捕状を執行した段階でしか行われえないのだとしても、一連の過程を同一機会か同一内容かを含めて実質的に考察すべきであろう（後記(2)参照）。この場合には、身体拘束下にある被疑者の取調べを対象とする本項及び第4項との関係では、実質的に身体拘束下の「取調べ」であるか否か（弁解録取と同一機会・同一内容であるか否か）を厳格に検討する必要がある。

「取調べの開始から終了に至る間」の解釈はさらに複雑である。最も狭義に解釈すれば、被疑者が当該自白調書に署名指印した、まさにその時（その回）の取調べの開始から終了までを指すことになるようにも思われる。法案提出者側は、そのような解釈を採っているようにもみられないではない。しかし、このような「回」といった形式だけで捉えると、まさに読み聞け場面だけの「回」だけでよいことにもなりかねず（形式的な「回」としては、そのようなことはありうるのであり）、かような論理は本項の趣旨にあまりにそぐわず、不当であることは明らかである。とりわけ被疑者が捜査段階で否認している事件の場合には、たとえば午前の取調べでその核心部分をめぐって露骨な誘導や暴行・強迫等による違法な取調べがなされ、既に任意性が損なわれた状態で行われた午後の取調べで、不利益事実を承認する内容の供述録取書が作成される場合が典型的であるように、当該自白調書が作成された「回」の取調べ状況を記録した記録媒体のみ証拠調べ請求義務が生ずると解するのは、実質的にみても狭きに失することになる（ここでいう「午前」が「前日」であっても、ことは同じであると思われる）。「当該事件についての取調べ」、さらに「当該書面が作成された取調べ又は弁解の機会」の「開始から終了に至るまでの間」をいかなる基準で画定すべきであるかは重要な問題である。

(2)　特別部会の議論など

特別部会で示された「取調べの開始から終了に至るまでの間」の解釈に関する立案者の見解は、一義的に明らかであるようには思われない。前記最狭義説であるかの如く、録音・録画記録媒体取調べ義務の対象となる取調べの範囲を狭く解するような発言もある一方で、対象となる取調べの定義について「内容の一体性などに鑑みて、結局、調書を取った取調べと同一の機会といえるかどうかを判断せざるを得ない」（特別部会第26回会議平26・4・30

保坂幹事発言）とされ、問題となる自白調書の作成場面のみに限定する趣旨とも解されないところもある。形式的ではなく実質的に「取調べ」の「開始」を捉えようとしているといえるものと思われる。内容の一体性等を考慮し、自白調書を作成した取調べと同一の機会といえるか否かをメルクマールとした場合、問題の自白調書中の任意性に疑いのある供述に表れた事実に関する取調べはすべて記録媒体証拠調べ請求義務の対象となるのではないか。全く無関係の事項について行われた取調べのみが除外されると解するのが、むしろ合理的であるように思われるのである。

すなわち、本項は、あくまで任意性に問題がある自白調書の記載と全く無関係の取調べに録音・録画義務違反があったような場合にまで当該調書の取調べを一切許さないとする過剰な規制を抑止する趣旨に留まるとみるべきである。本条制定の実質的趣旨に照らしても、「開始から終了に至るまでの間」を殊更狭く解すべき理由はない。本項は、検察官に対し、被疑者の捜査段階供述による立証にその立証方法の制限を課すことにより、本条4項によって取調官が負う取調べ全過程録音・録画義務の実効性を担保するものである。証拠調べ請求の範囲をあえて狭く解するような事情は見当たらない。

⑶ 客観的側面からの画定

以上の観点から今一度、その画定のメルクマールを検討してみよう。本条の趣旨からすれば、上記のように「開始から終了に至るまでの間」を狭く捉えるのではなく、検察官が取調べを請求した当該自白調書の冒頭に明記された被疑事実に関する取調べの一切が、録音・録画記録媒体の証拠調べ請求義務の対象となると最広義に解しても、証拠調べ請求義務の対象となる録音・録画記録媒体の範囲を客観的に画定するうえでは相応の合理性があるように思われないではない。先に指摘したとおり、否認ないし黙秘を続ける被疑者に対し、連日の取調べがなされた結果、当該自白調書が作成されるケースを想定しても、被疑者が当該自白調書に署名指印した「回」の取調べ状況の記録媒体に限定することは、任意性に関する判断を誤らせる危険が極めて高い。

他方、対象事件を被疑事実とする取調べ一切の記録媒体について証拠調べ請求義務を課すことには、当該自白調書の任意性と関連性がないとの検察官

の異議や、身上調書の作成場面の録音・録画記録媒体にまで証拠調べ請求義務が生じ、過大な義務となるとの異論が予想される（もっとも身上調書の作成場面であっても任意性を損ねる態様の取調べが行われる危険は存在し、常に排除されるわけではない）。

　以上からすると、少なくとも、対象事件を被疑事実とする取調べのうち、当該自白調書によって検察官が証明しようとする事実（たとえば、殺人の被疑事実に関する犯行態様の状況や殺意の有無等、当該自白調書に記載されている事実・事象）に関して行われた取調べについては、形式としてみれば、複数日、複数の機会にまたがっていたとしても、同一の事項に関する一連の取調べと実質的に解し、その開始から終了に至るまでの間の取調べ状況を記録した記録媒体の全部について証拠調べ請求義務が発生すると解すべきである。

⑷　主観的側面からの画定

　上記の客観的側面（当該調書の記載事項）からの画定を基準とすべきであるが、これに加えて、対象事件に関する被疑者供述の任意性に影響を与えた取調べである限り、本項に基づく録音・録画記録媒体の証拠調べ請求義務の対象となるものと解すべきとの考えがありうる。別件被疑事実を理由とする取調べにおいて、取調官が被疑者を殊更に畏怖させたり、あるいは過度の誘導を行ったりするなど、供述の任意性を損ねる取調べを行って被疑者をあらかじめ屈服させ、心理的抗拒不能に陥らせたうえで、対象事件を被疑事実とする取調べに切り替え、任意性に疑いのある自白調書を作成した場合などが想定される。

　この場合、被告人又は弁護人は、単に任意性に疑いがあることを指摘するだけでなく、録音・録画記録媒体の証拠調べ請求義務の範囲を画定する趣旨で、供述の任意性に影響を及ぼした取調べを特定し、影響を及ぼした疑いのある具体的な事情を指摘して、当該「取調べ」の「開始」時点を主張する必要が生じるであろう。このような場合、検察官はかかる具体的主張がある以上は、その際の録音・録画記録媒体を当然に証拠請求すべきであり、これが存在しないとすれば、本条２項による却下を免れないとする考えは本項の解釈としてありうる考えではないだろうか。

なお、証拠調べ請求された記録媒体のうち、実際にいずれの媒体を採用して公判廷で取り調べるかは、被告人・弁護人の証拠意見を踏まえ、裁判所が判断することとなる。

⑸　公判で取り調べるべき録音・録画記録媒体の確定

　検察官が、証拠調べ請求した自白調書にかかる取調べの開始から終了に至るまでの間の録音・録画記録媒体のすべてについて証拠調べ請求しない場合、元来の請求証拠であった自白調書の証拠調べ請求は却下される（2項）。

　問題は、検察官においては本項に基づく録音・録画記録媒体の証拠調べ請求を行ったとするものの、対象とすべき取調べの範囲が狭過ぎる、あるいは任意性を損ねた違法・不当な取調べの状況に関する録音・録画記録媒体が含まれていないなど、まさに「開始から終了に至るまでの間の記録媒体」が何を指すのかに争いが生じた場合の証拠採否の在り方である。この点、裁判所が検察官の指定する録音・録画記録媒体をまずは視聴するという対応も全く考えられないというわけではない。しかし、検察官と弁護人との間に、任意性を立証する証拠の適格性について争いがある段階で、裁判所が、証拠としての適格性を備えているか否かを判断する目的で、当該録音・録画記録媒体に記録された取調べ状況録画を視聴するのは相当ではない。裁判官の心証が、任意性を立証する証拠としての適格性だけではなく、記録された供述の任意性、場合によっては当該供述の信用性までが混在して形成されかねないからであり、そのような危険を避け、証拠の先取りによる予断・偏見を防ぐべきだからである。当事者である検察官及び弁護人の合理的な対応によって解決を図るべきであろう（その具体的な対応は、後述する）。

　検察官による録音・録画記録媒体の証拠調べ請求の範囲（「開始から終了に至るまでの間」）の捉え方が狭きに過ぎても（任意性を損ねた取調べ状況の録音・録画記録媒体が除外されている場合でも）、取調べ状況の録音・録画自体は適切に「全過程」に亘って行われているのであれば、検察官が証拠調べ請求対象の録音・録画記録媒体の範囲を拡大するか、弁護人が証拠開示を受けた録音・録画記録媒体を弁号証として証拠調べ請求することにより、「取調べの開始から終了に至るまでの間」の録音・録画記録媒体全部の証拠調べ請求を実現することはできるし、この場合、事実上問題は生じないだろう

第1部　コンメンタール　　35

（実務上解決されていくものと考えられる）。そのうえで、最終的に公判でどれだけの録音・録画記録媒体を取り調べるかは、当事者の証拠意見等を踏まえ、裁判所が広めに採用すべきであろう。

　録音・録画記録媒体の証拠調べ請求範囲に争いがあり、かつ、任意性に影響を及ぼしたと弁護人が指摘する録音・録画記録媒体が物理的に存在しない場合はどうか。当該自白調書に対応する録音・録画記録媒体が存在せず、証拠調べ請求義務の履行が不可能である以上、本条2項により、当該供述録取書等の証拠調べ請求は直ちに却下されるのが原則である。これに対し、検察官は、当該自白調書が作成された取調べの「開始から終了に至るまでの間」の録音・録画記録媒体はすべて証拠調べ請求済みで弁護人指摘の取調べは対象外であると主張しつつ、仮定的に本条4項による例外的な録音・録画義務免除の要件に該当するとして録音・録画記録媒体の不存在を正当化し、本条2項による証拠調べ請求却下を免れようとすることが考えられる。

　①検察官の録音・録画記録媒体の証拠調べ請求は「開始から終了に至るまでの間」の要件を満たしているか否か、②当該要件を満たさない場合は録音・録画記録媒体の不存在が本条4項の例外事由により正当化されるか、③検察官が証拠調べ請求した自白調書に任意性が認められるか、以上3点に加え、④いかなる証拠の取調べによってこれらの判断をするのか、さらに、⑤これらの取調べ及び判断を公判で行うのか、公判前整理手続における事実取調べ（刑事訴訟法316条の5第7号、43条3項）で行うのかも問題となろう。

　本来はこれら（少なくとも、①②と③は）は段階を追って判断されるべきであることは論を俟たない。これらの争点について、裁判所が、検察官の証拠調べ請求による録音・録画記録媒体のみを視聴し、「開始から終了に至るまでの間」の要件充足性（本項4号所定の例外的な録音・録画義務免除理由の存否）と同時に自白調書の任意性までも一挙に判断しようとする過度の"効率化"を志向するようなことは許されないというべきである。

（水谷恭史）

2項

1 本項の趣旨

　本項は、不利益事実の承認を内容とする被告人の供述録取書等につき検察官が証拠調べ請求したのに対し、被告人または弁護人の同意がされなかったとき（厳密にいうと1項に規定されているとおり、「任意にされたものであることに疑いがあることを理由に異議を述べるとき」）には、検察官が当該供述録取書等の作成された取調べ等の開始から終了に至るまでの間における被告人の供述およびその状況を録音・録画した記録媒体の取調べを請求しなければならないにも拘わらず、これをしなかった場合に、裁判所が、決定で、被告人の当該供述録取書等の取調べの請求を却下することを義務づける。請求がない場合に、裁判所が却下するか否かの判断に裁量の余地はない。必ず却下しなければならないことを定めたものである。

2 職権による証拠調べ決定の可否

　裁判所が、供述録取書等について、検察官の取調べの請求を却下した上で、職権により証拠調べの決定をすることが許されるか。

　理論的には、本項の要請としては、当該証拠調べ請求を却下しさえすればよいのであり、裁判所による職権採用を禁じていないと解される。特別部会においても、却下後の職権採用は可能であるとの議論がされている（特別部会第26回会議平26・4・30議事録20頁・川出幹事の質問に対する保坂幹事回答）。

　しかし、容易に職権採用が許されるとは思われない。職権採用の余地があるのは、被告人質問等で任意性が自ずと明らかとなる場合など、極めて限定的な場面のみと解すべきである。もっとも、そのような場面も本来考えられないのではないか。検察官が本条1項に違反したために本項によって当該供述録取書等の証拠請求が却下されたとき、被告人または弁護人は任意性の

第1部　コンメンタール　　37

争いについての争点形成責任を負わないのであるから、被告人質問において
この点が供述されることは、まず、ないはずである。反対質問において検察
官が任意性に関する発問をすることは、1項の立証方法制限規定に照らし
ても、許されえないはずであり、職権採用の余地があるのは、主質問に失敗
した場合（主質問において、図らずも任意性に関する事情が具体的に供述さ
れ、かつそれが任意性の存在を自ずと明らかにするような極限的場合）など
に限られるものと解される。

　また、本項によって、供述録取書等が却下されるとすれば、それは公判廷
における供述とは矛盾する供述録取書等が存在することを意味する（検察官
は、公判廷で被告人が不利益事実の承認を覆すからこそ、刑訴法322条に基
づき証拠請求をしているはずである）から、主質問での供述と矛盾する供述
（自己矛盾供述）が存在するとして、検察官が本項により却下された当該供
述録取書の記載について質問したり、当該供述録取書を示したり、328条の
弾劾証拠として証拠調べ請求しようとすることはありうると考えられなく
もない。しかし、通説も裁判例も、刑訴法322条1項但書により、ひいては同
法319条1項により、任意になされたものではない疑いがあるものとして却
下された供述録取書等は、328条により被告人または証人その他の者の供述
の証明力を争うためにも証拠とすることはできないとする（河上和雄ほか編
『大コンメンタール刑事訴訟法〔第2版〕（7）』〔青林書院、2012年〕770頁、
東京高判昭26・7・27高刑集4巻13号1715頁）。この趣旨は、本項に基づき
供述録取書等が却下された場合でも異なるところはないと解され、被告人の
公判供述の証明力を争うために検察官が当該供述録取書を示すことは許され
ないと解される。なぜなら、上記裁判例等は、任意性に疑いのある証拠はそ
もそも判断者にとって有害でありうることから、任意性に疑いのある証拠に
よる弾劾を許容しないことを明示したものであり、その趣旨は、本項に基づ
く却下にも当然に及ぶべきものと考えられるからである。

　なお、本条項は、検察官が記録媒体の証拠調べ請求を行わなければ、直ち
に供述録取書等の証拠調べ請求を却下すべきことを義務づけていることは文
言上明らかである。検察官が第1項の規定に反して記録媒体の取調べを請求
しないにもかかわらず、決定を留保して被告人質問を先行させ、その後に証
拠調べ決定するなどということは許されず、あくまで職権で採用するかどう

か検討する余地があるにとどまる。

3 捜査官が例外事由の存在を「誤信」した場合

本項が裁判所による職権採用を禁じていないと解されることから、本項は捜査官が4項各号に定める例外事由があると判断して録音・録画を行わなかったが、裁判所がこれと異なる判断をしたため、結果として本条1項違反となる場合などに、供述録取書を証拠採用する余地を残すことを意図したものと考えられるとの見解もある（川出敏裕「被疑者取調べの録音・録画制度——法制審議会答申に至る経緯」刑事法ジャーナル42号〔2014年〕11頁）。

しかし、仮に上記見解のように、例外事由があると捜査官が「誤信」した場合にまで職権採用を認めることとなれば、立証制限を定めた本条そのものの存在意義を失わせることになりかねず、相当ではない。実際、そのような議論は特別部会でも全くなされていない。

そもそも本条項が設けられたのは、特別部会において録音・録画義務の履行の実効性を担保するための仕組み作りが議論された結果によるものである。これを踏まえれば、捜査官による録音・録画義務違反を事後的に救済するような運用は、本条を定めた趣旨を完全に没却させるものであり、厳に慎まなければならない。

（栗林亜紀子）

3項

1 本項の趣旨

本項は、検察官に対し、被告人供述を内容とする伝聞供述について、1項同様、その任意性の立証方法を制限し、被告人が当該供述をした際の録音・録画記録媒体の証拠調べ請求を義務づける。ただし、裁判所に記録媒体の取調べ義務を課す規定ではない。

第1部 コンメンタール　39

2 対象事件

本項により、被告人供述を内容とする伝聞供述につき、その任意性の立証方法が制限される対象事件は、被告人供述録取書等の場合同様、裁判員裁判対象事件及び検察官独自捜査事件である。本項が適用されるのは、被告人（被疑者）の身体拘束下での取調べに限られるが、被告人（被疑者）が、当該被疑事実自体で逮捕・勾留されている必要がないことは、1項同様である。その他詳細は、1項の該当箇所を参照されたい。

3 「当該事件についての第198条第1項の規定による取調べ又は第203条第1項、第204条第1項若しくは第205条第1項の弁解の機会に際してされた被告人の供述」

本項が対象とする証拠は、「当該事件についての第198条第1項の規定による取調べ又は第203条第1項、第204条第1項若しくは第205条第1項の弁解の機会に際してされた被告人の供述」を内容とする供述、すなわち、被疑者（被告人）の取調べにおける供述である。同房者に対する犯行告白等は含まれない。したがって、これを内容とする供述をなしうる「被告人以外の者」とは、当該取調べにあたった取調官および立会人（以下、「取調官等」という）である。つまり、本項は、取調べにおける被疑者（被告人）の供述内容を立証するために、取調官等を証人請求する場合を想定した規定である。

取調官等が被疑者から犯罪事実に関する聴取をする場面は、すべて取調べというべきであるから、本項にいう取調べは取調べ室内におけるものに限定されない。たとえば、勾留手続のために移動中の警察車両内や、遠方で逮捕し連行する新幹線内等における被疑者供述を内容とする場合も、本項の適用があると解される。したがって、このような場面における供述を刑訴法324条に基づき立証したいと検察官が考えた場合に任意性が争われたときは、当該取調べの記録媒体の証拠調べ請求義務が課され、これが免除されることはない。

他方、前述のとおり、取調べ外での被疑者供述については、本項の適用が

そもそもないから、たとえば犯行告白を聞いた知人については、録音・録画媒体の証拠調べ請求義務はなく、その任意性が争われる場合は、通常の任意性判断の枠組みで審理が進められる。

4 録音・録画媒体を実質証拠とすることの可否

録音・録画媒体の実質証拠化の可否は、1項とともに本項とも関わる論点であるので、ここでもその点について検討したい。

最二決平17・9・27刑集59巻7号753頁が実況見分調書中の（犯行再現）写真について刑訴法322条1項に基づき証拠能力を付与していることから、同様の機械的過程を経る録音・録画媒体も実質証拠とすることを否定する理屈はないと一般に言われてきた。最高検察庁も、2015年2月12日に「取調べの録音・録画を行った場合の供述証拠による立証の在り方等について」と題する依命通知を発出し（最高検判第22号）、記録媒体の実質証拠化に積極的な姿勢を示している。

しかし、最高検察庁の目論み通り、今回の法改正後も、記録媒体を実質証拠となしうるのであろうか。結論を言えば、本項（及び、前述した1項の存在）の存在によって、そのようには解されなくなったというべきである。

本項は、取調官により証言される被告人（被疑者）供述の任意性が争われた場合、検察官に対し、取調官尋問に先立ち（順序として記録媒体の証拠調べが先行しなければ、証拠能力の有無が未定の証拠を先に調べることになってしまう）、「任意にされたものであることを証明するため」、記録媒体により任意性を立証する義務を課している。すなわち、本項が（1項も）、記録媒体の証拠請求を義務づけるのは、後に法廷に顕出されようとする供述（1項であれば供述録取書等）の任意性立証のためである。したがって、本項が、記録媒体を補助証拠として用いることを前提としていることは明らかであり、これを換言すると、条文の文言解釈からすれば、実質証拠としては許容できないことを前提にしていると考えるのが素直である。

具体的な場面を考えれば、その趣旨はより一層明らかとなる。本項が適用される場面には、次の2つのパターンが考えられる。

ひとつは、任意性立証の補助証拠として当該不利益事実承認の取調べに係

第1部 コンメンタール　41

る「開始から終了に至るまでの間」の記録媒体取調べが請求され、かつ、これらが取り調べられる場合である。この場合、検察官が請求した記録媒体が法廷で再生され、これにより任意性が認められた後に、取調官等の証言が法廷に顕出されることとなる。つまり、法廷において記録媒体（すなわち、取調べ時の被疑者と取調官のありのままの問答内容）の再生がなされた後に、あらためて取調官等が当該取調べにおける被疑者（被告人）の供述内容を証言するという流れになる。そして、実質証拠となるのは、その証言そのものであって、記録媒体の内容ではない。当然、取調官等による証言は、記憶に基づいて再現されるもの故、それに先立つ記録媒体の再生により顕出された被疑者（被告人）供述に比べ、その供述内容・中身それ自体は、不正確なものとならざるを得ない。しかし、本項は、記録媒体の証拠請求を義務付けた上で、あえて正確性に劣る証言の方を実質証拠とする旨規定したのである。このようなシチュエーションは、ある意味では滑稽な光景と考えられるかもしれないが、法は、公判中心主義の観点から、伝聞証言とはいえ、あくまで公判廷証言を罪体証明のために反対尋問によってチェックすべき対象としていると解されるのである。そこでは、記録媒体を実質証拠として用いる方向性はとられていない。

　もうひとつのパターンは、検察官が「開始から終了に至るまでの間」の記録媒体の証拠調べ請求を行ったものの、裁判所がこれの取調べ（再生）を行うことなく（もしくは、当該不利益事実承認部分などは再生せずに一部の再生を行ったのみで）、2項却下はしないと認めた場合である。本項の規定によれば、検察官が記録媒体の請求義務さえ果たせば、そのすべてを再生（証拠採用）しなくても、取調官証人の証拠採用はありうる。この場合、記録媒体の再生部分と証人の証言部分が重ならないこととなり、裁判所としては、このような運用によって、記録媒体の再生後に、あらためて証人が同内容を証言するという上記のようなある種、滑稽ともいいうる状況を避けうるともいえる。しかし、いずれにしても、このような運用がなされるとすれば、それはすなわち可能な限り公判廷証言を吟味しようという意図の下に行われるものであり、記録媒体の実質証拠化を避けるためといって差支えない。

　いずれの運用パターンを想定しても、本項の建て付けからすると、記録媒体の実質証拠化については、否定する方向で立法解決がなされたと理解すべ

きであろう。 （植田豊）

4項

1 本項の趣旨

⑴ はじめに

　本項は、身体拘束時の対象事件の取調べについて、原則「全過程」録音・録画が義務であることを示すとともに、その義務が解除される場合がいかなる場面かを定めているものである。

　取調べの録音・録画は、捜査段階でなされるものである以上、本項の例外事由に該当するか否かの一次的な判断は捜査機関によってなされるものと解さざるをえない（裁判所に対してリアルタイムで例外事由の有無の判断を求める仕組みは設定されていない）。しかし、それは捜査段階での捜査機関による主観的判断が後の手続きにおいても尊重されることを意味するものではない。すなわち、捜査機関に録音・録画の実施について「裁量」を与えたものではなく、あくまでも最終的な判断は裁判所によってなされるのである。それは客観的基準にもとづく判断であり、事後的に客観的にみて例外事由が存在しなかったと裁判所が判断すれば、いかに捜査官が主観的に例外事由の存在を信じていたとしても、録音・録画がない場面で作成された供述調書が証拠採用される余地はないといえる（1項参照）。

⑵ 条文構造と原則規定としての4項

　既に述べてきたとおり、本条は全体として、1項により一定の事件について被告人供述調書の任意性立証における立証方法制限（4項に基づいて作成された記録媒体の証拠請求義務）を課し、その一方で4項各号に該当すれば、4項に基づく記録媒体が存在しない以上、当該請求義務自体が解除されるという構造をとっている。その意味では、検察官の立証方法の制限（請求

第1部　コンメンタール　43

義務）という視点から、「全過程」という録音・録画の対象についての範囲を画している面がないではない。

　他方で、本項が、1項所定の対象事件について捜査機関に対する録音・録画を行為規範として義務づけていることは明らかである。1項で定められた検察官の証拠請求義務は、4項の実効性を担保するものである（特別部会の議論経過は、まさにそういうものであった）。

　本項の規定ぶりからすれば、本来であれば、本項が本条の1項に置かれ、包括的な録音・録画義務規定となり、法技術的な問題として請求義務が後に論じられるべきものであったようにも思われる。このような条文構造とされた真意は必ずしも明確ではないが、本項こそが本条が定められた趣旨を体現しているものであり、取調べの可視化の根拠かつ総則規定であり、根本規範であるというべきである。

(3) 本項の趣旨、解釈指針及び本項の適用場面

ア　本項の条文内での配置はさておいたとしても、本項の規定ぶりからすれば、対象事件については録音・録画をすることが原則かつ必須であり、この義務が解除される場面はあくまでも「例外」である。このことは強く意識されなければならない。刑事訴訟法改正の目的は、国会の議論における立法者側の説明としては、「刑事手続における証拠の収集方法の適正化及び多様化並びに公判審理の充実化」という政策的目的が挙げられていたわけであるが、本条については、村木事件に端を発し、特別部会が開かれた経緯からすれば、取調べを受ける被疑者の権利ないし利益擁護ないし取調べの適正化・その供述の任意性確保のために創設されたものと解される。そうであるなら、例外事由とされるべきは、それらの目的が達成できなくなる場合、すなわち権利ないし利益保護を重視するがあまり、逆に被疑者の自由な意思が阻害されるような極限的場合に限られるというべきである。本項各号の解釈も、このことを前提としてなされるべきである。したがって、これらの「例外」事由の解釈は基本的に制限的・謙抑的になされなければならない。

　現に衆議院法務委員会平27・5・19での法務大臣答弁においては、「やはりこうした原則制度化するという、委員が御指摘の大変重い制度になるということでありますので、例外はあくまで極めて例外である、そして、そうし

た例外にならないようにさまざまな工夫、努力をしていくということが大前提の制度だというふうに思っております」と答弁している。このことからも例外事由の限定的な解釈が求められることは明らかである。この法務大臣発言は、結局、立法目的を如何に解しても、この例外事由問題に関しては同様の解釈が導かれることを示している。

イ　もっとも、例外事由については捜査機関の恣意的運用の危険性がないとはいえない。供述者の主観的供述困難性に着目した2号及び4号は、より危険性が高いともいえる。供述者の主観は供述者にしか分からないにも拘わらず、これを捜査官が判断し、録音・録画の要否を一次的に決するかのような規定ぶりとなっている点は取調官の「裁量」判断が可能であるかのような誤解を生みかねない。

　しかし、前述のとおり、例外事由の存否を判断するのは、あくまでも裁判所である。本号は、捜査機関に録音・録画の要否について、「裁量」を与えるものではないのである。なお、3号の「暴力団構成員による犯罪に係るもの」要件についても、一見客観的なように見えるが、相当広範に恣意的運用の余地をも残すものであることは後述する。

ウ　ところで、あらかじめ本項が問題となる局面を想定すれば、捜査・公判の各段階で次のように整理できる。

　捜査段階においては、事件としては本条1項各号に該当するにも拘わらず、本項各号（例外事由）に該当するとして、捜査機関が取調べの録音・録画を行わない場面である。ここでは行為規範としての本項の解釈が問題となる。しかし、あくまでも例外事由の存否は、捜査官が主観的に例外事由該当性を認識しているだけでは足らず、裁判所の評価として、事後的・客観的に例外事由該当性が立証・認定される必要があることは既に述べた通りであり、弁護人としては例外事由の不存在について、積極的に明らかにするためにも、可視化申入れを行っておくべきである。

　次に公判段階である。まず、検察官が不同意となった被告人の供述調書を刑訴法322条1項に基づき請求し、弁護人がこれに対し本条1項に記載された異議を述べる。この時点で、検察官には記録媒体の請求義務が生じる。しかし、請求すべき記録媒体が存在しない場合などに、当該義務の免除規定である本項各号該当性が問題となるわけである。この局面では、評価規範とし

第1部　コンメンタール　**45**

ての、本項の解釈が問題となりうる。そして、例外事由存在の立証責任は、当然検察官にある。このことは、原則例外の規定ぶりからも明らかである。

2 柱書

⑴ 「同項第3号に掲げる事件のうち、関連する事件が送致され又は送付されているものであつて、司法警察員が現に捜査していることその他の事情に照らして司法警察員が送致し又は送付することが見込まれるものを除く」

　本条1項3号事件とは「司法警察員が送致し又は送付した事件以外の事件」である。いわゆる特捜部などの独自捜査事件と呼ばれる事件が念頭に置かれている。本号は、特捜事件（ここでは議論を分かりやすくするため、検察官独自捜査事件となりうる事件を「特捜事件」と呼称する）のうち、関連事件が既に警察により送致又は送付され、特捜事件を同時進行的に警察も捜査しており、当該事件も警察から送致又は送付されてくるであろうことが見込まれる事件については、録音・録画の対象となる独自捜査事件からは外す趣旨である。たとえば、複数人への金銭授受等の贈賄事件のうち、すでに一人に対する金銭授受の事実で送致がなされており、別の一人に対しても、警察において捜査が進んでいる場合などが挙げられるであろう。この場合、対象たるべき事件について、警察が捜査を行い、司法警察員が送致又は送付する可能性がある。

　しかし、当該「見込み」の有無の判断は、慎重な姿勢で臨むべきである。捜査段階の行為規範としては、当該見込みが外れる場合に備えて、「全過程」を録音・録画しておく必要があるというべきであり、公判段階の評価規範としても、独自捜査事件とならない（つまり、警察において捜査が行われ送致ないし送付される）相当程度の蓋然性が存在しなければ、対象外足りえないものと解すべきである。結局のところ、検察において「特捜事件」とする類型の事件においては、過度に供述証拠が重視される懸念から録音・録画の対象事件とされたのであるから、警察が先行的に捜査などをしていたとしても、当該事件の性質が変容するわけではない。その意味でも、本柱書によって、録音・録画義務が解除されるとの運用は極めて慎重になされなければならない。基本的には、これによる運用は避けられるべきといってよいであろう。

⑵ 「録音及び録画を同時に行う方法により記録媒体に記録しておかなければ
   ならない」

　文面上は、同時以外の方法、すなわち録音のみとなる場合は許されないか
のような規定ぶりとされている。原則として、取調官と供述者の姿態が録画
されることが望ましいことは言うまでもない。実際、録画されない場合は義
務違反になることは確かであるが、しかし、カメラのみが故障をし、録音の
みができる状況であれば、少なくとも録音を行わなければならないと解する
のは当然であろう。

　仮に例外事由としての機器の故障等によって音声しか録音できない場合
に、例外事由に該当し、本条による義務が解除されるのだとしても（すなわ
ち本条2項による却下まではされないとしても）、任意性が争われている場
面においては、その争いの性質に変わりはない。録音・録画はできずとも、
録音は物理的に可能であった、にも拘らず、これがなされなかったとすれ
ば、任意性に疑いがある状況といわざるをえないと考えられる。

⑶ 「第1項各号に掲げる事件……について、逮捕若しくは勾留されている被
   疑者を第198条第1項の規定により取り調べるとき」

　本項の録音・録画義務が、起訴後勾留（別件逮捕・勾留前）の被疑者（被告
人）に及ぶか否かについては、政府見解との間に相違がある。この点は第1
項の注釈でも触れたところであるが、改めて述べておこう。

　1項で定める対象事件以外を被疑事実として逮捕・勾留されている被疑者
に対して対象事件についての事情聴取をする場合（対象事件を余罪とする余
罪取調べの場合）でも、対象事件について取調べをする以上は、本項の適用
を受けて録音・録画義務が生じる。このことに争いはない。

　問題は、冒頭で述べた起訴後勾留かつ対象事件での身体拘束前の被疑者
（被告人）に対する（法形式上の）「任意取調べ」が本項の適用を受けるか否
かである。

　政府見解（2016年4月21日参議院法務委員会における林眞琴刑事局長の
答弁）は、被疑者の出頭滞留義務に着眼し、起訴後勾留については、別件での
逮捕・勾留がない以上、取調室への出頭滞留義務がないため、「逮捕又は勾留

第1部　コンメンタール　47

されている被疑者」に該当しないとする（ちなみに、政府見解は別罪で逮捕・勾留中の被疑者は余罪取調べとはいえ、出頭滞留義務があるなどとし、そのため、「逮捕又は勾留されている被疑者」に該当するという。しかし、かような出頭滞留義務は認めえないというべきであるから、まず、この点で政府見解は失当であろう）。かような論理で政府見解は、起訴後勾留中（逮捕前）は録音・録画が不要という結論を導いている。なお、政府見解が前提とされて、参議院における附帯決議がなされている。

　このような解釈は複数の観点から誤りというべきである。

　第一に条文の文言上は、政府見解のような区別はされていない（特別部会の「調査審議の結果（案）」における「要綱（案）」は、そのような文言であったとされるが、条文自体は、この点明確とはいえない）。法文上は、あくまで「逮捕若しくは勾留されている被疑者」であって、起訴後勾留を除外する趣旨を読み取ることはできない。この点、起訴後勾留は被告人であって、被疑者に対するものではないとの批判もありうるが、未だ身体拘束に至っていない被疑事実であっても本人が当該事実につき取調べを受ける以上、それは被疑者として取調べを受けているのであり、かかる批判はあたらない。

　次に、条文上、「第1項に掲げる事件について」の後にあえて「、」を入れており、1項各号で掲げる事件を被疑事実として逮捕若しくは勾留されている必要性は全くない。これ自体、争いのないことは繰り返し述べているとおりであるが、そうとすれば、「逮捕・勾留されている被疑者」から起訴後勾留中の別件での「被疑者」を省かねばならない必然性は見出せない。

　さらに、本条の趣旨からしても政府見解は誤りというべきである。本条は取調べのうち、身体拘束を利用する取調べでは、虚偽の自白が採取されやすく、その適正化確保が特に重要であるからこそ、法制化に踏み切ったものである。その意味で、起訴後勾留中の被疑者であっても、現実に行動の自由が保障されているわけではないのであるから（その意味で、完全に任意の取調べではないのであるから）、取調べの適正化確保の要請が後退するような場面ではない。裏返していえば、起訴された途端、身体拘束という状態が解かれるわけではおよそないということである。

　以上からすれば、起訴後勾留を利用した取調べにおける政府見解は誤っているが、弁護実践としては、起訴後勾留中の取調べには応じないようにする

ことを徹底しなければならないであろう。

　なお、以上の意味では、起訴後勾留中の起訴事実についてのいわゆる被告人取調べについても、それは刑訴法197条1項の場面だとする裁判例を踏まえてもなお、本条が準用されるべき筋合いである。

3　1号の要件「記録に必要な機器の故障その他のやむを得ない事情により、記録をすることができないとき」(物理的支障)

　機器の故障により記録をすることができない場合の規定である。ただ、通常、捜査機関は複数台の記録機器を有しており、本号が適用されることはほとんどないと思われる。

　法が単に「必要な機器の故障」のみを要件とせず、「記録をすることができないとき」という本質的要件を求めている以上、たとえば1台故障したとしても、代替手段は当然に履践されなければならない。

　なお、現に衆議院法務委員会平27・6・9においては、林刑事局長は、「一般論として申し上げれば、例えば、警察署の取調室で被疑者の取り調べを行う時点におきまして、当該取り調べ室に配備されている録音、録画機器が故障していたとしましても、同じ警察署内に配備されている他の機器を用いて現に録音、録画を行うことが出来る場合には、現実的、客観的に見て記録をすることができないとは言えず、この例外事由には当らないと考えます」もしくは、「例えば、当該記録に必要な機器の故障というものが仮にあったとしても、他の機器によって録音、録画できるような場合があるならば、これは『その他のやむを得ない』事情ということになりません」と述べている。このことからも、本要件が適用される場面は、ほとんど想定し難いものといえる。

第1部　コンメンタール　**49**

4 2号の要件「被疑者が記録を拒んだことその他の被疑者の言動により、記録をしたならば被疑者が十分な供述をすることができないと認めるとき」（供述拒否言動）

⑴ 全体構造

本号で重要なのは、「により」という文言が用いられていることである。例外要件の骨格は「記録をしたならば被疑者が十分な供述をすることができないと認めるとき」であるが、その判断の契機（前提）となる事由が明示的に定められていると解すべきである。つまり、その契機（前提）がなければ、本体の要件吟味に入ることができないと考えるべきである。そして、その契機（前提）こそが「被疑者が記録を拒んだことその他の被疑者の言動」なのである。すなわち、何らかの「言動」があって初めて「十分な供述をすることができない」と判断しうるか否かの検討に歩を進めることができるのである。しかもその「言動」は「記録拒否言動」が例示的に挙げられている以上、記録拒否言動と比肩するほどの「言動」であることを要する。

記録拒否（すなわち、録音・録画拒否）ないしはそれと同様の言動（ただし、そのような「同様の言動」がなかなか想定し難いことは後述する）がないにも拘わらず、本号の適用が検討される余地はない。

⑵ 「記録を拒んだことその他の被疑者の言動」

「言動」との文言が用いられている以上、形式的には、発語を含まない消極的動作である「黙秘」も「言動」という概念自体には含まれるであろう。しかし、例外事由の限定的解釈の要請からすれば、積極的言動ではない黙秘を「拒否言動」そのものと同視すべき筋合いではない。そもそも、黙秘自体は記録を「拒否」している要素をもっているわけではない。

また、黙秘のみならず否認供述が即座に記録拒否言動に該当するものでないことも当然で、これらは法務委員会にける議論でも確認されている。すなわち、林刑事局長は衆議院法務委員会平27・6・9において「今回の録音、録画義務の例外事由につきましては、単に録音・録画をすると十分に供述ができないというだけではなく、外部にあらわれた被疑者の言動でありますとか、あるいは客観的に加害等のおそれがあること、こういったことに

よって、合理的に、録音・録画をすると十分に供述できないということが認められる場合、このような形に限られております。したがいまして、例えば、被疑者が否認や黙秘をしているだけで直ちにこういった例外事由に当たるわけではございません」と答弁している。

本号では例示的に被疑者の録画拒否言動が挙げられているが、例示列挙である以上、論理的には他の言動の可能性は残される。しかし、外部的に表明される発話としての録画拒否言動が例示されている以上、それと同視しうる、すなわち外部への意思表示と同視できるほどの「言動」でなければならないはずである。

また、義務免除規定（例外規定）であることからすれば、可能な限り限定的に解すべきであることは前述のとおりである。

これらからすれば、録画拒否言動（外部的意思表示としての発話）以外の挙動、特に間接的に意味内容が理解しうるにすぎないような挙動がとられた場合は、現に積極的発話として録画拒否言動を確認すべきであり、後の争いを避ける運用がなされるべきである。

さらに、より実際的問題としては、弁護人として、接見時において、録音・録画を拒否する言動をとってはならないことを丁寧に説明すべきである。そして、被疑者が拒否していないことを可視化申入書に記載することで、実際上記録拒否言動があったという検察官の主張は成り立たないこととなる。

なお、記録拒否言動の存在を検察官が如何なる証拠で立証すべきかであるが、録音・録画対象事件である以上、当然にその取調べの開始時点から録音・録画が必要なのであるから、記録拒否言動は必然的に録音・録画されているはずであり、検察官が例外事由を主張するのであれば、拒否言動を発言した場面の録音・録画は必須である。捜査機関の恣意的な運用を防止するためにも、「護送中に拒否言動があった」、「留置施設で拒否言動があった」などという形で例外事由が立証されることは許されるべきではない。このような場合でも、改めて記録拒否言動が、録音・録画下において確認されるべきである。

⑶ 「により」

文言上「により」とされていることから明らかなように、記録拒否言動が

あるだけでは足りず、これを契機（前提）として後段要件の吟味に入るべきことが明示的に記載されていると解すべきである。

「被疑者が供述拒否言動をとったこと＝本号要件の充足」ではないことを明示的に認めたものといえる。

(4) 「被疑者が十分な供述をすることができないと認めるとき」

本号の構造からすれば、例外事由該当性は、①被疑者の記録拒否言動が存在すること、②当該拒否言動を契機として判断すれば、記録がなされている状況下では被疑者が十分な供述ができないと認められること、の両要件が必要となる。

その意味では、記録拒否言動があるからといって、即座に②要件が具備されることにはならない。このことは前述したとおりである。

②要件が端的に問題となるのは、記録拒否言動をとりつつも、被疑者が一定程度供述するないしはその可能性が高い場合である。このような場合には、①要件は充たしつつも②要件が具備されない可能性がある。

では、記録拒否言動がありつつも、被疑者が一定程度の供述をする場合に、どの程度の供述状況であれば、なお本例外要件が充足しないと判断すべきであろうか。

まずもって、「十分な供述」でない場合とは、単に捜査機関側が望むような供述をしないという状態ではない。捜査機関の主観を問題とすれば、捜査機関の恣意的運用を招来する結果となる。なお、刑訴法295条2項には、本号同様「十分な供述」という文言・概念が用いられているが、同項は住所等の特定事項が法廷で明らかとなった場合に、供述者の心理的抵抗感が生まれることを防ごうとするものであり、記録拒否言動から十分供述性を判断しようとする本号とはその構造を異にする。

さらに、①要件たる記録拒否言動があくまで客観的に判断されるのに対して、②要件は十分な供述ができないという供述者の主観に着目したものである。しかし、判断対象は供述者の主観であるとしても、判断過程は客観的でなければならない。その意味では、記録拒否言動と供述内容に加え、被疑者が把握している蓋然性が高い事項が如何なる内容であるかを客観的に把握した上で、その内容との比較が必要となる。つまり、客観的に被疑者が把握し

ていることが明らかな事実について、殊更供述を避けるのは「十分な供述を
することができない」からであるとの認定の根拠となりえようが、逆に言え
ば、被疑者が把握している事象が客観的に明らかでない場合は、比較の前提
を欠き、このようには認定し難いというべきであろう。

5　3号の要件「当該事件が暴力団員による不当な行為の防止等に関する法律（平成3年法律第77号）第3条の規定により都道府県公安委員会の指定を受けた暴力団の構成員による犯罪に係るものであると認めるとき」（暴力団構成員による犯罪に係るもの）

⑴　本号は形式的要件か実質的要件か

　本号は、当該事件が、暴力団員による不当な行為の防止等に関する法律3
条により指定された暴力団の構成員による犯罪に係るものであるときに録
音・録画義務を解除することを認めるものである。

　規定ぶりのみからすれば、一見すると解釈の入りこむ余地のない形式要件
のように見えなくもない。しかし、その実質は多分に解釈問題を含みうるも
のである。

　たとえば、そもそも指定暴力団構成員か否かはどのようにして判断する
のであろうか。「指定暴力団」であることは一定の行政手続きを経た指定に
よりなされているようであるが、指定暴力団の「構成員」か否かには一人一
人に認定手続きがあるわけではない。また、当該暴力団の構成員か否かは、
多分に当該暴力団の内部的問題（たとえば、破門状が出されれば、その者は
構成員ではなくなるのか否か等）であるため、本来的には判断のしようがな
い。他方で、捜査機関においては、当該被疑者が指定暴力団の構成員か否か
を判断する名簿（いわゆるG名簿）を保管しているようであるが、当該名簿
の存在自体が非公表である。そうすると暴力団構成員に該当するか否かにそ
もそもの争いが生じる可能性がある（かような名簿を前提とする規定を基本
法のなかに置いてよいのかという根本問題もあるように思われるが、その点
はここでは触れない）。

　また、暴力団の構成員による犯罪に「係るもの」とはどの範囲を指すのか、
共犯者の中にただ一人でも構成員がいれば「係るもの」に該当するのか等、

第1部　コンメンタール　　53

解釈が必要な問題は存在する。

　以上より、本号は単なる形式要件と解するべきではない。

(2)　「暴力団構成員による犯罪」

　ある犯罪が、暴力団構成員により行われた疑いのあるものであれば、いかなる事件であっても本号に該当するのであろうか。本号は、供述者たる暴力団構成員が、録音・録画の故に、組織ないし上位団体及び組織上上位に位置する者を意識し、十分に供述できないという事態を類型的に定めた上で、未然に防ぐものであると考えられる。そして、他号と異なり、記録拒否言動や供述不十分性が要件とされていないのは、かかる要件を定めればその認定のために、供述者がそのような挙動をとったことが外部に伝わることを懸念して定められたものと考えられる（実際、特別部会においても、警察からの出席者からは、そのような主張がなされ、また、保坂幹事からもその旨の説明がなされている）。

　そうであるなら、暴力団の構成員「として」行った犯罪行為ではない場合（たとえば、暴力団構成員が、暴力団と全く無関係に妻を殴った場合等）は、本号の趣旨からは外れると解すべきである。暴力団の構成員として行った犯罪行為か否かは、当該組織に有形・無形の利益を与えるものであったか否かが一つのメルクマールになりえよう。

　以上のとおり、本号の趣旨は明確なはずなのであるから、本号の解釈においては、形式的文言のみにとらわれずに、実質的解釈を施すべきである。具体的には、仮に暴力団構成員が行った犯罪であることに疑義はないとしても、暴力団構成員という主体のみで検討を終えるのではなく、上記のとおり事件の内容との関係も慎重に吟味すべきである。

(3)　「係るもの」

　実質的解釈にあたっては、「係る」との文言が最も重要である。本号は、単に「構成員による犯罪であると認めるとき」とせず「構成員による犯罪『に係るもの』であると認めるとき」との文言を採用している。通常の文言解釈からすれば、「係るもの」との文言が用いられることにより、構成員による犯罪という範囲が広げられ、構成員と共犯関係にある者も本号に該当するように

も思われる。

　しかし、ここでもより実質的に解釈するべきであろう。ここで「係るもの」があえて記載された趣旨は、組織における上位者ないし組織の人間との関係で自由な供述がなしえない状況となる蓋然性が高い者を、その者が暴力団構成員でなかったとしても、例外対象に含めるためであると考えられる。例えば、共犯者の中に暴力団構成員が含まれており、別の被疑者が暴力団構成員ではなかったとしても、当該被疑者が事実上準構成員的な位置づけで、構成員が犯した犯罪に関与したのであれば、組織の上位者との関係で供述の自由が損なわれている可能性はありえよう。他方で、指定暴力団の構成員でも準構成員でもない被疑者の場合に、仮に共犯者の中に構成員ないし準構成員がいるとしても（この場合、いわば類型としてみても）、常に自由な供述意思が阻害されるとはおよそ限らない。

　その意味では、本号が適用されるのは、暴力団構成員が暴力団の活動の一環として行った犯罪行為で（前記(2)参照）、暴力団の上位者ないし他の構成員の意向を忖度し、供述の自由が制約される立場の人間のみに適用されるものと考えるべきであろう。

(4)　実質的合憲解釈と憲法14条違反の可能性

　さらに以上から進んで、検討する。当該暴力団構成員にあっては、たとえば可視化申入れが存在しても、この例外事由によって、可視化せずにすますことができるのであろうか。形式的な文言解釈のみであれば、それが可能とされるのであろう（そのことは上述したとおりである）。しかし、その実質において後記4号の要件を充たしえないようなときに、暴力団構成員という1点のみをもって例外事由となしうるとは考えるべきではない。そのような実質的解釈がなされるべきである（限定的合憲解釈）。仮にそれが適わないとなれば、本号には法令違憲問題が生じるといわざるをえない。

　本号は、暴力団構成員という被疑者の社会的地位ないし信条によって、そうではない被疑者と異なる取扱いを定めており、憲法14条1項に反しないか問題となる（以下につき、芦部信喜〔高橋和之補訂〕『憲法〔第6版〕』〔岩波書店、2015年〕127頁以下参照）。

　暴力団構成員が、「人が社会において一時的ではなく占める地位」と定義

される憲法14条1項後段の社会的地位に該当するか、「広く思想上・政治上の主義を含む」同後段の信条に該当するかはさておき、その合憲性判断においては、慎重な姿勢で臨むべきである。

　具体的には、立法目的と手段との間の関連性を検討しつつ、立法目的には「やむにやまれぬ」必要不可欠なものを求める「厳格審査基準」か、もしくは立法目的に重要なものを求める「厳格な合理性の基準」を用いた合憲性判断が必要となろう。

　本項は、暴力団構成員を十把ひとからげに、「上位者の意向を汲んで自由に供述しない者」と評価した上で、他と異なる取扱いを設けている。しかし、一人一人の被疑者について、当該評価があてはまるか否かを判断するという本来的にはより制限的でない他の手法がありうるのであり、暴力団員か否かのみを基準にする本項に立法目的との合理的関連性はないと考える。また、その暴力団構成員という基準自体も上記のとおり、曖昧不明確なものなのであり、重ねて問題は大きいといえる。

　さらに、そもそも、捜査機関は暴力団構成員に対する取調べにおいては、実務上供述の強要や侮辱的な発言等がしばしば見られてきたのであり、そのもたらす弊害も大きい。

　結局のところ、本号の存在を維持できる憲法解釈（合憲限定解釈）を試み、それが適わないとなれば、本号には法令違憲問題が生じるといわざるをえない。

6　4号の要件「前2号に掲げるもののほか、犯罪の性質、関係者の言動、被疑者がその構成員である団体の性格その他の事情に照らし、被疑者の供述及びその状況が明らかにされた場合には被疑者若しくはその親族の身体若しくは財産に害を加え又はこれらの者を畏怖させ若しくは困惑させる行為がなされるおそれがあることにより、記録をしたならば被疑者が十分な供述をすることができないと認めるとき」（心理的要因による包括例外事由）

(1)　本号全体の構成
　本号は、極めて複雑な体裁をとりつつ、心理的要因による例外事由を定め

ているものであるが、例外事由の包括規定としての機能をも果たすものである。恣意的運用の危険性も高い規定といわざるをえないであろう。

　本号該当性判断の根幹となる要件は、②「記録をしたならば被疑者が十分な供述をすることができないと認めるとき」という2号同様の供述不十分性の要件である。

　その前提として「犯罪の性質、関係者の言動、被疑者がその構成員である団体の性格その他の事情に照らし」、①「（被疑者の供述及びその状況が明らかにされた場合には）被疑者若しくはその親族の身体若しくは財産に害を加え又はこれらの者を畏怖させ若しくは困惑させる行為がなされるおそれがある『ことにより』」、②が認められるか否かを判断するという構造をとっている。

　つまり、犯罪の性質等の諸要素に鑑みて、それらからすれば①の「おそれ」が認められ、さらにそれを原因として②が認められることが本号該当性の要件なのであり、その因果の流れは例外事由該当性判断において重視される。つまり、単に供述不十分であるとの判断が独立のものとして検討・判断されるのではない。①要件の存在が確認され、かつそれを契機（原因）として②要件の検討に入るというプロセスの確認が求められているのである。以下では、便宜上①を「害悪・畏怖・困惑要件」、②を「供述不十分性要件」と呼ぶこととする。

　修飾語が多く、意味をとりにくい規定ではあるが、一例を挙げれば、「事件の性質からすれば、供述状況が明らかにされると、被疑者を困惑させる行為がなされるおそれがあって、被疑者が十分に供述できない」と認められるような場合が該当する。

⑵　「犯罪の性質、関係者の言動、被疑者が構成員である団体の性格その他の事情に照らし」

　各文言は、「照らし」との文言から明らかなように、全て害悪・畏怖・困惑要件充足性の判断の考慮要素と位置付けられている。すなわち、害悪・畏怖・困惑要件該当性判断にあたって、害悪・畏怖・困惑の存在を検討する視点ないし観点となる諸要素が挙げられていると考えられる。

　これらの要素が果たして如何なるものを指すのか必ずしも一義的に明確と

第1部　コンメンタール　57

まではいえないが、一例を挙げれば、「犯罪の性質」としては、犯罪そのものが、甚だしい暴力的な要素・背景があるうえに、上下関係が極めて明確に存在していた、そのような上下関係に基づいてなされた犯罪などが端的なケースとしてあげられるであろう。ただし、犯罪に関与した者もしくはそれに準じる者も全て身体拘束されているのであれば、これは要件充足を消極に解する要素にはなろう。

「関係者の言動」としては、たとえば、害悪・畏怖・困惑要件の具体的指摘、すなわち「もし自白していることが分かれば、被疑者やその親族に害を加える」旨の脅迫文言が実際に発せられたという事実が確認できるような場合が端的な例であろうか。

「被疑者が構成員である団体の性格」としては、暴力的な支配関係にあるような性格を持つ団体が考えられようか。前述同様、上下関係が極めて明確で、かつ心理的にも上位者の命令に従わなければならないと認められ、さらに身体拘束されていない他の構成員が害悪・畏怖・困惑要件該当行為をすることが疑われる場合も挙げられるであろう。

その他の事情として、どのようなものが挙げられるかは様々に考えうるが、少なくとも前三者と一定程度の類似性・共通性がなければならないことは明らかであろう。

この点、これら考慮要素は、要件該当性をより明確にするため、判断の考慮事情として例示することが提案され、これを受けて明記されることとなった（特別部会第１作業分科会第10回上冨幹事発言）。この経緯からしても、これら各要素が要件該当性を限定的に考える方向での運用を期待されていることがわかる。

また、「照らし」は刑訴法316条の15第２項２号等にも同様の文言が用いられているが、要件該当性判断における考慮すべき事情の例示と解されており、本項においても同様と解すべきである。

(3) 「被疑者の供述及びその状況が明らかにされた場合」

害悪・畏怖・困惑要件該当性判断の前提となる条件である。被疑者の供述及びその状況が明らかにされなくとも、害悪・畏怖・困惑要件に該当する客観的事実がもともと存在するのであれば、逆に本例外事由には該当しないこ

ととなろう。

　もちろん、そのような事態が発生することは被疑者にとっても社会全体にとっても望ましいことではなく、行政警察活動の一環としてこれを防止する措置が取られるべきであるが、そのような事態があるとすれば、録音・録画の有無と因果関係がないことに帰するのであり本要件は満たさない。

⑷ 「害を加え又はこれらの者を畏怖させ若しくは困惑させる行為がなされるおそれ」

　害悪・畏怖・困惑要件については、その文面上、おそれがあると供述者が考えている場面を指すものではなく、客観的な「おそれ」が具体的に存在することが要件である。

　当該客観的なおそれの存在については、公判段階において捜査機関側に立証責任がある。そのために必要な客観的状況については、捜査機関として証拠を確保しなければならない。

⑸ 「ことにより」

　害悪・畏怖・困惑のおそれの客観的存在と供述不十分性要件で定められた供述者の主観面が因果関係で結ばれていることが必要である。全く別個の要因（たとえば外貌を撮影されたくない。録音・録画があること自体により緊張する等）によって供述不十分性が認められたとしても本例外事由に該当することはない。

⑹ 「記録をしたならば」

　本号はあくまでも録音・録画義務を解除する規定である以上、録音・録画の場合の弊害発生を防止するための規定ととらえるべきである。そのような観点で考えれば、「記録をしたならば」との文言は、録音・録画下でなされた供述及びその状況が外部に明らかにされることによって害悪・畏怖・困惑要件を満たすような不都合が生じると供述者が意識して、供述が十分にできない場合を指すと解される。すなわち、記録がなされていようがいまいが、十分に供述しない場合に本要件がみたされるものではない。

　確かに取調べの全過程が録音・録画されていた場合に、当該供述内容ない

第1部　コンメンタール　59

し供述状況は記録媒体の形となるわけであるから、これらが外部に明らかにされる可能性はないではない。むしろ、少なくとも証拠開示を受ける弁護人はこれを閲覧するし、場合によっては公判廷で再生される可能性もある。

しかし、他方で、仮に録音・録画がなされていなかったとしても、供述調書に記載された内容については、公判廷に証拠として顕出される可能性がある。すなわち、いずれにせよ、供述調書に記載されるような事実については、被害者の供述内容が外部に明らかにされる可能性は存在するのである。

さらに、刑訴法324条の規定ぶりからすれば、供述調書になっていない事実であったとしても、取調官が公判廷で324条に基づく証人として証言をする可能性もある。その供述態度なども取調官証人によって明らかになりうるのである。

このように考えてくれば、供述者にとっては、録音・録画が仮にされていなかったとしても、供述内容及び状況が外部に明らかにされる可能性は抽象的には常に存在することとなる。

以上の検討からすれば以下の帰結が導かれる。

まず、弁護人としては、録音・録画がなされなかったとしても、抽象的には供述内容及びその状況が明らかとされる場合がありうることを被疑者に十二分に説明すべきであろう。そのことによって、供述不十分性要件をクリアする可能性は多分に存在する。

次に、捜査機関側としても、そもそも本例外事由を用いて防ぐことのできる弊害は、法324条が存在する以上、ほとんどないことを念頭において要件該当性を吟味すべきであろう。

また、裁判所としても、事後的に本号該当性を判断する際には、「記録をしたならば」供述が不十分なものとなるという因果関係を丹念に検討すべきである。すなわち、供述者が、刑訴法324条の存在も知らず、ただ録音・録画下で供述すれば外部に明らかにされる可能性があると誤信しているような場合（すなわち、録音・録画下でなくとも供述内容及び状況は外部に明らかにされる可能性が存在することを認識していない場合）には供述者の主観的要件たる供述不十分性要件が、「記録をしたならば」との文言との関係では客観的には因果関係で結ばれていないことを理由に、例外事由該当性を否定すべきである。捜査官は、このような誤解を解くべき義務があるといわねばなら

ない。

⑺ 「被疑者が十分な供述をすることができないと認めるとき」

2号同様、「十分な供述」でない場合とは、もちろん、単に捜査機関側が望むような供述をしないという状態ではない。

また、既に指摘したとおり、判断対象は供述者の主観であるとしても、判断過程は客観的でなければならない。被疑者が把握している蓋然性が高い事項が如何なる内容であるかを客観的に把握した上で、その内容との比較において「十分な供述をすることができない」ことを認定することとなろう。その比較対象事項が客観的に不明な場面は、かような認定はできないと考えねばならない。

7 例外事由の立証方法及び時期

⑴ はじめに

例外事由の存否が具体的に問題となる場面は、捜査過程のリアルタイムで問題となる場面と公判の証拠決定の場面の両者が想定しうる。

すなわち、捜査段階においては、弁護人が取調べの可視化を求めているにも拘わらず、捜査機関側が例外事由の存在を主張して録音・録画を実施しない局面などがある。この局面では、弁護人から例外事由に該当しないことを積極的に根拠づける事情を示すなどの弁護活動も必要となろう。

他方、公判段階においては極めて難解な問題を含む。本号が問題となる局面は、検察官が被告人の供述録取書等を証拠調べ請求し、これに対して弁護人が任意になされたものでない疑いを理由として取調べに異議を述べる場面である。この局面では、本来的には検察官から当該取調べ時の状況を録音・録画した記録媒体の証拠請求が義務付けられ、これがない以上証拠調べ請求は却下されるべきものであるが、ここで検察官は例外事由に該当する故に、録音・録画義務ひいては証拠請求義務が免除されることを主張することとなる。そうすると、この局面での主戦場は、例外事由非該当すなわち録画義務の存在ひいては請求義務の存在を前提として証拠採用の却下を求める弁護人と、記録媒体なしでの証拠採用を求める検察官の対立ということとなる。ま

第1部　コンメンタール　**61**

た、2項却下がクリアされている場合も、4項義務違反が自白法則上や違法収集証拠排除原則上の争点となり、そのような対立の場面で例外事由が問題とされることがあろう。

このような公判段階においては、例外事由の存在について検察官が立証責任を負っていることに争いはないが、果たしてこの立証は厳格な証明か自由な証明かという問題が残る。さらには、この問題を裁判体によっては、公判前整理手続の中で決着をつけてしまおうと考えることもあり得るところである。もっとも、弁護人としては、録画義務懈怠の不当性を強調するために、公判で裁判員の目に触れる形での立証を望むこととなる局面が多いようにも思われる。

かくして例外事由該当性を、公判前整理手続ないし公判段階のどの局面で立証すべきかという問題が生じることとなる。

(2) 現状の運用

純粋に法理論的にいえば、証拠能力に関する問題は、訴訟法的事実として自由な証明で足りると考える見解が多数説と思われる。しかし、実際には、供述調書の任意性が争われた際に、当該立証を自由な証明として許容するという事態は現状ではほとんど見受けられない。また、裁判員裁判においても、訴訟法的事実であるから公判前整理手続の中で決着をつけるという運用も（一部で見受けられるとはいえ）あまり行われていないものと思われる。その意味で、現在の実務は任意性の争いについては、裁判員に決定権限はないものの、裁判員のいる公判廷でその審理は行われているのが一般であると思われる。

このような実務運用の根底には、裁判官のみで判断しうる任意性の問題と、裁判員も関与しなければならない信用性の問題が密接不可分あるいは連続性が高いとの発想がある。

そのように考えていけば、供述者の供述不十分性を要件としている2号及び4号については、信用性と密接不可分ないしは連続性が高いと思われるので、公判廷で審理がなされるべきといえそうである。

他方で1号及び3号については公判前整理手続で決着をつけるという選択肢もより多くなりうるとも思われる。

しかし、本来的には、刑事手続きは公判中心主義の要請の下、公開の公判廷で行われるのが原則であり、裁判所として1号及び3号該当性についても、公判廷で行うことが望ましいのではないだろうか。違法収集証拠排除を争う事件などの場合は、1号または3号に該当したと判断した捜査機関の検討過程自体を、判断者に顕出するべき場合もあろう。そのような場合には、公判廷で判断がなされることが望ましいといえるであろうし、実際裁判所もそのようにすることは許容される。

なお、捜査機関が例外事由に該当するとの判断をしたとしても、法は例外事由に該当した場合に、録音・録画をしてはならないと定めているのではない。つまり、例外事由に該当したとしても、録音・録画をすることは捜査機関にとって可能である。今後の録音・録画対象事件の範囲拡大の方向性や、判断に資する資料を豊富に準備すべきとの考え方は否定しえない。運用としては、結局、例外事由の発動などまず検討されるべきものではなく、可能な限り全過程の録音・録画が実施されるべきことが、今後の我が刑事司法実務にとって肝要なことというべきである。

（川﨑拓也）

第2部

可視化弁護実践
シミュレーション
──死体遺棄・殺人事件

第2部は、仮想設例の時間進行に伴いつつ、法301条の2に基づく弁護実践がどのようなものになるかを素描したものである。設例は、裁判員裁判対象事件である殺人事件の捜査・公判前整理手続・公判を通じ、法301条の2において生じる各論点をなるべく拾おうとしている。そのため、いささか観念的な教科書事例になっているところがある。また、ここで論点として取り上げられている各課題のうち、2019（平成31）年6月段階では既に解決済として、実務上のテーマになってこないものも含まれている可能性があろう。

　現在の可視化運用に基づく実務の展開は相当ダイナミックに進行しているともいえるため、法の施行時には全く新たな論点が登場している可能性も否定できないし、他方で、2016（平成28）年段階で問題とされていたところが実務上は争点足りえなくなっているといった事態が生じることもありうる。これらの点は、あくまでも法公布時（2016年6月）におけるシミュレーションということで御理解・御海容のほどをお願いしたい。

※　末尾の書式集もあわせ御覧いただきたい。

捜査

❶

　被疑者Aは、2019年6月7日朝、死体遺棄罪の被疑事実で任意同行を求められ、これに応じて警察署で任意の取調べを受けた。その後、同日夕方に逮捕、9日に勾留された。Aは犯人性を強固に否認している。

　なお、共犯者の一人とされているBは指定暴力団の構成員であるが、被害者とされるCは暴力団構成員ではなく、被疑事実や背景事情を前提としても、暴力団抗争ではなく、暴力団が組織として行った犯行でもない。

　9日に選任された国選弁護人が初回接見に赴いた。

【解説】確認すべき事項

⑴　これまでの供述内容

　初回接見は極めて重要である。まずは、ラポールを形成したうえで、弁護・防御方針を検討するために、被疑事実についてのＡ自身の認識を聞く。その際には、可能な限りオープンな質問を心がける。まずはグランドルールを説明し[*1]、自由報告をしてもらう。時系列に尋ねていくと聞き出すべき事実に漏れが生じにくく、またＡ自身の記憶喚起にも資すると思われる。自由報告の後、5W1H質問へと移行し、質問を焦点化していく。そのうえで、確認作業に入り、事実関係を基本的に把握することになる。

　ひととおり事実関係の確認が終わったら、次に、接見時までに行われた取調べにおいて、捜査官からどのようなことを訊かれたか、それに対してＡはどう答えたのかを聞き、取調べ状況を聴取しつつ、弁解録取書を含む供述調書及び勾留質問調書の記載内容を把握する。本件では、逮捕状執行前に「任意の取調べ」が行われていることから、このときの取調べの状況についても聴取する。それらの内容によっては、リカバリー供述を検討する[*2]。

　被疑者国選が勾留全件に行われることとなっても、国選弁護人の接見前の段階で、弁解録取の機会を含め、既に一定の供述はなされている場合が多い。それゆえ、この確認と検討自体は不可欠となろう。これが弁護方針・防御方針確立に向けての出発点ということになる。

　また同時に、逮捕前の取調べというものが、実質的には身体拘束といえる状態でなされたものでないかどうかは、十分に検討すべきである。捜査機関側に、形式的な執行時期をずらすことによって、可視化義務の始期を遅らせようとする意図があるとすれば、それは、法の潜脱であって、実質、可視化義務に違反していることになるから、その旨を確認しなければならない。この点は、より端的に、そもそも、実質的な身体拘束の開始時期が客観的に可視化義務発生の始期と解釈すべきところであろう。

　なお、もとより初回接見においては、これ以外にも確認すべき事項があるが、ここでは、可視化弁護実践に直に関わるものに限定し、その余は割愛している。これは、この後の記載についても同様である。

第２部　可視化弁護実践シミュレーション──死体遺棄・殺人事件　　67

⑵　録音・録画の有無

　以上の弁解録取及び取調べ状況の事情聴取の際は、取調べにおいて録音・録画がなされているかどうかを確認することになる。本件設例にあっては、死体遺棄罪という事件の性質上、この後に殺人罪での再逮捕が予定されていることは容易に想像される。死体遺棄の事実での身体拘束下であっても、殺人の事実についての取調べが行われる場合に、捜査官には法律上の録音・録画義務があると解されることに争いはない。死体遺棄の事実と殺人の事実について明確に区別して取り調べることなど事実上不可能であるのだから、運用上は、死体遺棄罪での身体拘束下の取調べについては、その全過程を録音・録画することが捜査官に求められていると考えられる。

　弁護人もこの点を十分に意識して臨むべきである。いずれにしても、速やかに可視化申入書（**書式１**）を送付すべきである。捜査機関において可視化しているとしても、後述する例外事由の存在が持ち出されて録音・録画されなくなる可能性は否定されないから、必ず可視化申入れをすべきである[3]。

> *1　グランドルールとは、会議などを行う際に会議をスムーズに進行させるために設定するルールのことであるが、初回接見の場合は、弁護人の立場や接見の場がどういう場であるかを説明し、初回の段階で、どういう話をするかのおよその見取図を示すものになると思われる。経験した具体的事実と推測事項・評価は区分して話すように伝えることや、嘘はつかないようにといったルールを設定することも、これに含まれると思われる。
> *2　（不本意で正しくない内容の）不利益供述が記載された調書が作成されてしまった場合などに、後日、録音・録画された取調べの中で、その不利益供述を撤回する意思を明示するとともに、誤った不利益供述に至った理由・事情を話すことにより記録に残すことを、一般に「リカバリー供述」「リカバリーショット」などと呼んでいる。
> *3　小坂井久・青木和子・宮村啓太編著『実務に活かすQ&A平成28年改正刑事訴訟法等のポイント』（新日本法規出版、2016年）58頁以下参照。

【解説】アドバイスすべき事項

⑴　黙秘原則とその解除

　原則として録音・録画されているか否かにかかわらず、まず、黙秘するこ

とをアドバイスすべきである。供述することによって不起訴が見込める事案や、黙秘し続けることが被疑者にとって決定的に不利益となることが予想されるような場合など、捜査段階で被疑者が供述することによって、有利となると判断できる限られた場合に、黙秘の解除を検討することになるというべきである。

　もっとも、取調べ可視化時代以前は黙秘権行使自体、非常に困難であった。黙秘という権利は、ほとんど画に描いた餅と化していたといって過言ではない。弁護実感として、取調べの可視化は、その状況を一変させているといえるだろう。少なくとも、「供述の自由」を確保しうる環境設定がようやく現出したことは確かである。他方、可視化のもとでは、供述すればそれはそのまま記録化されるところ、正確に記憶し正確に表現すること自体、一般に困難というべきである。それゆえ、まず、黙秘を基本としなければならない（それ以前に既に供述がなされている場合であっても、これは同様である）。

　取調べという場は、そもそも圧倒的な力関係の格差が生じている場であるが、これを発問者である取調官が支配しているのであり、そういう力学が絶えず働いている。当事者対抗・当事者対等の場を設定しようとすれば、まず黙秘し、その「発問－応答」の関係を正すことが必要不可欠である。そのような前提を作ろうと試みること自体、ブラックボックスの密室取調べでは不可能であったが、取調べ可視化時代にあっては必ずしもそうではなくなっている。黙秘原則のうえで、その解除を検討するということは、今や弁護実践の現実的で最も重要な課題である。

　さて、その解除を検討する場合であっても、黙秘の解除の前に、弁護人が被疑者から的確な事情聴取を行って供述の一貫性・合理性を慎重に確認し、被疑者の供述の真実性を裏付ける客観的証拠の収集・確認に努める必要がある。さらに、仮に取調べの場での供述を選択するというのであれば、あらかじめ弁護人が取調官の役を演じて模擬取調べを行い、記憶の曖昧な部分を排して防御方針に則して骨格部分のみを供述することを被疑者に徹底すべきである。もとより、そのようなときも取調べの場では供述せず、あくまでも弁護人による供述録取書の作成や勾留理由開示公判における被疑者意見陳述の機会の利用を第一次的に検討すべきであるとの考え方もある。

　なお、どのような場合に黙秘解除を検討すべきかという点については、一

第2部　可視化弁護実践シミュレーション――死体遺棄・殺人事件　　**69**

言で言えば、黙秘することが依頼者にとって大きな不利益となり得る場合、逆に言えば、供述することで、そのような場から依頼者を救抜し確実な利益が見込みうる場合、となろう。本書の立場としては、たとえば、①すでに決定的に不利益な供述を不本意にしており、リカバリー供述が必要と考えられる場合や、②盗品等の近接所持など、客観的状況から被疑者にとって不利益な事実が推認されてしまい、合理的な弁明を要すると思われる場合、③正当防衛事案における急迫不正の侵害にあたる相手からの攻撃を受けたことなど、公判段階で主張し始めたのでは手遅れとなってしまうような場合、といった３つの類型を提示しておきたい。が、この問題については相当の議論のあるところである。事案や被疑者の個性等を見極め、各弁護人が慎重に対応する必要がある。公判請求必至か、不起訴を見込みうるのかといった点が判断の分岐点になることも多い。弁護人としては、事件の見通しをもたなければならない。防御の方針が明確に立たないのであれば、黙秘解除という選択をすることはできないだろう[4]。

⑵　可視化の確認と黙秘を解除する場合に注意すべきこと

　初回接見のアドバイスの場においては、まず、Ａに対し、録音・録画されていることの意味を説明し、取調室という密室での供述の任意性や信用性を担保するためには、録音・録画が不可欠であることを理解してもらうようにする。そのうえで、仮に供述調書が作成されなくても、録音・録画されている以上、その映像や音声等が、後日裁判で証拠になる可能性があることを説明し、話すかどうか迷うような場面では黙秘すべきことをアドバイスする。

　特別な事情があるために黙秘を解除し、何らかの供述をする場合には、まず、供述すべき内容の核を慎重に見極める必要がある。前述するとおり、当該取調べの前に接見し、捜査官とのやり取りをＡと一緒にシミュレーションしてみることが不可欠だろう。供述することがあるからといって、全面的に黙秘解除になるわけではなく、一定以上話さないという選択肢が絶えず存在することもシミュレートしておくべきである。

　他方、仮に万が一、当該取調べの録音・録画が行われていない場合は、話した内容や話したときの状況、やりとり等が正確に記録されない危険があることから、たとえ一旦は黙秘を解除して供述すること及び供述する内容を事前

に決めていた場合であっても、黙秘方針を変えないことになろう。

> *4 たとえば、日弁連刑事弁護センター改正刑訴法PT『改正刑訴法全国一斉研修テキスト』(2016年)、日弁連取調べ可視化本部『取調べ対応マニュアル〔第3版〕』(2017年)参照。

2

初回接見に赴いた弁護人は、Aから取調べが録音・録画されていないことを聞いた。そこで、弁護人は、その日のうちに、検察官・警察官に「可視化申入書」（書式1）を送付した。しかし、2回目の接見の段階でも、なお録音・録画はなされていないとのことであった。

【解説】例外事由の有無

まずは電話やファクシミリ、内容証明郵便等で捜査官に対して抗議し、録音・録画をしない理由を明らかにするよう求める。

ここで注意を要するのは、法301条の2第4項に定められる例外事由がないかどうかである。いくつかのことが考えられる。まず、もしもA自身が、同項2号若しくは4号に当たり得る姿勢、すなわち、取調べ録音・録画に消極的な姿勢を示しているようであれば、黙秘権を行使して供述を拒否する場合であっても、捜査官の過度の追及を防ぐために取調べ録音・録画の実施が必要であることを十分に説明したうえで、録音・録画に消極的な真の理由を丁寧に聞き出し、「記録をしたならば被疑者が十分な供述をすることができないと認める」ような事情があるのかどうかを慎重に確認する必要がある。

また、本件では、共犯者とされるBが指定暴力団の構成員であることから、捜査官が4項3号該当事由があると安易に判断して、録音・録画を行わない可能性も高いであろう。弁護人としては、勾留状謄本（ないし写）の被疑事実やAの話を手がかりに、事案を正確に把握するように努め、3号規定の例外事由が存在するのかどうか判断し、この点について捜査官に対し申入れ

第2部　可視化弁護実践シミュレーション——死体遺棄・殺人事件　71

ることを検討することになる。

3

　接見後、弁護人は、検察官に抗議の電話を入れたが、検察官は録音・録画をしない理由について、木で鼻をくくったような態度で「3号等に該当する」と述べるにとどまり、それ以上の理由を説明しなかった。そこで弁護人は、例外事由に該当しないことを明らかにすべく可視化申入書（書式2）を検察官にさらに送付した。

【解説】例外事由3号該当性と弁護活動

　検察官は、301条の2第4項3号に基づいて、本件が共犯者とされる者の中に暴力団構成員が含まれているため「暴力団の構成員による犯罪に係るもの」に該当することを理由に、録音・録画を実施しないとするようであるが、必ずしもきっちりとした説明をしていないようである。その態様如何にもよるが、不十分な説明で録音・録画義務を履行しない検察官の対応を看過すべきではない。このような場合、基本的には、担当検事に対する監督権限を有する検察庁刑事部長や地検検事正等に対し、抗議書（**書式3**）を送るべきであろう。ところで、本件はいわゆる暴力団抗争事件ではなく、そういう組織が組織として関与しているとも認められず、もちろん被疑者自身も暴力団構成員ではない。暴力団構成員であることを基礎とし、その身分関係から生じる紛争ではないのであるから、共犯者が属する組織の上位者等の意思を慮る必要もない。かかる事件の場合には、実質的にみて同項3号の要件を満たしていないというべきである。当該例外事由の射程外にあるとして、同事由にはあたらない旨、捜査機関に対し明確に指摘する旨の可視化申入書（**書式2**）を送付することになろう。

4

> その後も相変わらず録音・録画はなされなかった。
> 　弁護人が刑事課を訪れ、担当取調官及び捜査主任に録画不実施の理由を問い質すと、捜査主任は「２号と４号です」と答えた。弁護人がAと接見して取調べの様子を聞くと、Aは、取調官から両親との関係を聞かれて「あまりうまくいっていない」と答えたところ、「（両親に）話しにくいことはないか」と尋ねられ、「話しにくいこともある」と答えたことがあったと話した。

【解説】例外事由２号ないし４号該当性と弁護活動

　既に繰り返し述べているとおり、取調べ可視化がなされない場合、弁護人としては、まずは取調官が録音・録画しない理由を正確に把握する必要がある。Aが他に録音・録画を拒否するような言動をしていないか、仮にしていたとすれば、その真意はどのようなものかを聞き取ったうえで、黙秘権の行使や供述拒否、あるいはある事項について話しにくいということと、「記録をしたならば」十分な供述ができないということとは別であることをA自身にも理解してもらえるよう説明し、次回以降の取調べに備えるべきである。

　そもそも弁護人は、初回接見時、被疑者に十分な説明をして、その了解のもとに、可視化を申し入れているのであるから、２号に該当する記録拒否言動などありえないことを強調し、この旨、改めて書面で申し入れるべきである。被疑者にも再度、録画を拒否する意思がないことを確認した上で、捜査側に対し、「拒否していない」ことを改めて書面で明示することによって、記録拒否言動があったとの捜査側の主張は不能となる。

　くわえて、この事案の場合は、４号該当性の検討も見据えて、供述内容等が明らかにされたときに、被疑者ないしその家族に何らかの畏怖・困惑行為がなされる危険があるか否かも十分に聴き取り、その可能性がない、あるいは極めて小さいことも同時に指摘しておくべきであろう。仮に、被疑者が録

第２部　可視化弁護実践シミュレーション──死体遺棄・殺人事件　　73

音・録画された供述に対する報復への現実的危険性や不安を訴えた場合は、録画のない取調べでした供述であっても、捜査官の作成する供述録取書には記録されることがあり、証拠として公判廷で明らかにされる可能性があること、むしろ、取調べ状況を録画させた上で適切に黙秘権を行使することにより身の安全を図るほうが現実的でありうること、録画自体は不当な取調べから被疑者を守る制度であることを粘り強く説得し、録画自体を拒否させないよう留意すべきである。

5

依然録音・録画はなされなかったものの、弁護人の熱心な接見が功を奏し、Aは黙秘を続けることができていた。

ところが、死体遺棄罪における勾留満期日（公訴提起日）である6月28日に接見したところ、強引な取調べの末に、Aは、録音・録画の行われていない取調べで、殺人事件への関与を認める虚偽の自白をしたということであった。なお、その際作成された調書自体は簡単なもののようであった（本調書を乙2号証と呼ぶこととする）。

【解説】非対象事件での逮捕勾留中における対象事件取調べ及び起訴後勾留中再逮捕前の対象事件取調べ

乙2号証は、対象事件を被疑事実とする逮捕に先立ち、非対象事件を被疑事実とした勾留中に作成されたものである。

本件の検察官は、本条4項の「第1項各号に掲げる事件……について、逮捕若しくは勾留されている被疑者を第198条第1項の規定により取り調べるとき」の解釈について、対象事件を被疑事実としてなされた「逮捕若しくは勾留」中に行われた対象事件を被疑事実とする取調べのみに録音・録画義務があると解している疑いがある。

このような明文の規定に反する解釈に基づき、取調べ録音・録画義務を無

視する捜査官が実際に存在するとは考え難いというべきではあるが、仮に死体遺棄の被疑事実による勾留中は録音・録画義務を負わないと強弁するのであれば、その間違いを的確に指摘しておかなければならない。すなわち、かかる解釈は、特別部会や国会の審議経過にも反し、条文上も「……について、逮捕若しくは」の「、」の存在をあえて無視した解釈と言わざるを得ず、文言解釈としても明確に誤りだということである。

　他方、この乙2号証が死体遺棄罪での起訴後、殺人罪での逮捕前、すなわち死体遺棄罪で起訴され、起訴後勾留の状態にある被告人について作成されたものであるときは、若干の議論がある。起訴後勾留中の被告人に対する取調べが、法301条の2第4項に基づく録音・録画義務の対象か否かについて非対象とするのが政府側見解であるが、本書の立場は、これと明確に対立する。立法趣旨の実質からすれば、身体拘束（逮捕・勾留）下の状態における対象事件取調べであることは否定の余地がないのであるから、録音・録画義務があることは明らかと思われる。

　なお、起訴後勾留中の取調べは、捜査機関側の見解に立っても取調室への出頭・滞留義務がない任意取調べであるから、この点を明確に被疑者に理解させ、そもそも取調べに応じない（出房を拒否する）ことを徹底させる必要がある。起訴後勾留中の取調べは如何なるものも拒否する旨を明確にした申入書（**書式4**）を各捜査機関宛に送付することも必要となろう。起訴後であることに油断せず、定期的な接見で取調べの有無を確認すべきであるし、あらかじめ、アドバイスしておく姿勢も肝要であろう。

6

　Aは6月28日に死体遺棄で起訴され、翌29日に殺人の被疑事実で再逮捕、30日に再勾留された。
　接見で聞き取ったところでは、再逮捕後は全過程が録音・録画されたうえで、連日理詰めの取調べがなされているとのことだった。
　弁護人が接見でAから聞き取った内容は次のとおりである。
・取調べでは、同じ内容を執拗に質問された。

第2部　可視化弁護実践シミュレーション——死体遺棄・殺人事件　　75

- 殺人罪での勾留15日目の午後３時から３時30分の間に、Ａが再び殺
  人事件への関与を認める内容の簡単な供述をした旨記載のある概括的
  な供述調書が作成された（乙３と呼ぶこととする）。
- Ａ立会いのもと実況見分が行われ、再現写真等が撮影された。ただ
  し、実況見分の様子は、録画も録音もされていない。

【解説】実況見分の録音・録画

　実況見分において、被告人に犯行再現を求めることは一般的に行われている捜査手法といってよい。その実況見分調書に添付された犯行再現写真は、平成17年判例（最二小決平17・９・27刑集59巻７号753頁）を前提とすると、署名押印を欠くものであっても、伝聞例外による供述証拠として取り扱われうることが確認されている。判旨の当否や評釈は、ここでは措くとしても、この判決を前提とすれば、後記のとおり、実況見分において身体の挙動による供述を求める以上は、実況見分も取調べの一環と考えられ、取調官には録音・録画義務が存することとなろう。

　捜査機関としては、2016年の現状において実況見分の一連の過程を録音・録画する運用は一般的ではないが（このような取り扱いは2019年においては克服されていなければならない）、弁護人としては通常の取調べ同様に可視化申入れを行うべきである。

公判前整理手続

❼

　弁護人は熱心に接見を重ねたものの、Ａは精神的に追い詰められており、警察官の前では黙秘を貫くことはできないとのことであった。

そこで、弁護人はやむなく、応答はしてもよいが、供述調書に署名押印はしないようにアドバイスをした。

　その後の取調べにおいて、Aは、犯行状況を詳細に問われ、これを肯定する旨の返答をしてしまう（以下、「口頭自供」とする）が、供述調書には署名押印しなかった。

　7月19日、Aは殺人罪で追起訴された。

　以上の結果、公判検事は、Aの供述調書である乙2、乙3及び実況見分調書を証拠請求した。

　さらに、口頭自供が録画された記録媒体を、Aの殺意及び犯行状況を立証する実質証拠として証拠請求した。

【解説】公判前整理手続における証拠採否決定の場面での弁護活動

(1)　予想される検察官請求証拠

　請求がありうる検察官の証拠を整理すると、たとえば、次のとおりとなろう（もちろん、検察官の争い方により、その請求については様々なバリエーションがありうる）。

① 　乙2：被告人供述調書＝死体遺棄罪で勾留中に作成。録音・録画なし。

② 　乙3：被告人供述調書＝殺人罪で勾留中に作成。録画あり。

③ 　乙3を作成した日の午後（3時から3時30分の間の）の取調べの録画媒体＝補助証拠として。

④ 　実況見分調書＝被告人による再現実況見分。録音・録画なし。

⑤ 　口頭自供の録画媒体＝実質証拠として。

⑥ 　口頭自供の際の取調官の伝聞供述＝⑤が実質証拠として不採用の場合の予備的証拠。

⑦ 　口頭自供の録画媒体（⑤と同じもの）＝補助証拠として。

　上記①から⑦の証拠のうち、まず検察官が証拠請求するのは①②④⑤であろうか。これに対する弁護人の証拠意見によって、その余の証拠が請求されることとなる。

　なお、以上のほか、これらの場面以外の録音・録画記録媒体も、弁護側の主

第2部　可視化弁護実践シミュレーション──死体遺棄・殺人事件　　77

張などに応じて適宜、多様な立証趣旨で証拠調べ請求される可能性がある。

　以下、順に、検察官と弁護人の証拠採否決定までの意見の応酬を追いかけてみよう。

(2)　証拠①（乙２）について

　弁護人としては、「不同意」とし、検察官が法322条１項に基づく請求をすれば、「取調べに異議がある。任意性を争う」との証拠意見を述べることになる。

　なお、被告人及び弁護人は、「その承認が任意にされたものでない疑いがあること」について、任意性に疑いがあることを指摘するだけで足り、法301条の２第１項の適用場面では、任意性に疑いを抱かせる具体的事情を主張・立証し、公判における立証命題を設定する争点形成責任を負わない。検察官が不利益事実を承認する被疑者・被告人供述の任意性に関する立証責任を負うところ、記録媒体がその最適の証拠であることから、まず記録媒体の存在を示すべきであるとして導かれた帰結といえよう。

ア　［争点１］検察官の取調べ録音・録画義務及び記録媒体の証拠調べ請求義務

　この弁護人の証拠意見に対し、あくまでも教室事例としていうならば、検察官は、乙２作成時は、死体遺棄事件について勾留中であり、同罪は301条の２第１項各号に該当しないから、録音・録画記録媒体による任意性立証は義務付けられていないと主張することがありうる（教室事例というのは、こういう非常識な主張が実際に検察官からなされるとも思われないからである。現実にこの問題を巡っての主張があるとすれば、対象事件に関連しないような「別件」身体拘束中に取調官にとって思わぬ場面で「自発的」に対象事件についての自白がなされたのだ——との論点が提示されるような場面であろう。そのような主張であれば、法施行後も主張されうるとは思われるが、しかし、そのような「思わぬ」事態などは、滅多にあるものではなかろう）。

　この検察官の意見に対し、弁護人は、被疑者勾留中に行われた実質的に殺人に関する取調べである以上、身体拘束の理由とされる被疑事実が何であるかにかかわらず、法301条の２第１項１号により、検察官は、当該書面が作成された取調べの録音・録画媒体の証拠調べ請求義務を負うと主張すること

となる。

イ ［争点2］取調べ録音・録画義務の例外事由

死体遺棄の被疑事実による逮捕・勾留中、捜査機関は、弁護人の再三の申し入れにもかかわらず、取調べの録音・録画を行わなかった。乙2号証が作成された取調べの開始から終了に至るまでの間における被疑者供述及びその状況を録音・録画した媒体が存在しない以上、検察官は、法301条の2第1項により証拠調べ請求義務を充足することができず、裁判所は乙2号証の証拠調べ請求を却下しなければならない（301条の2第2項）。

これに対し、検察官は、暴力団構成員による犯罪に係る取調べであること（301条の2第4項3号）、被疑者が録音・録画を拒んだことその他の言動により、記録を行えば十分な供述をすることができないと認められること（同項2号）、あるいは被疑者の供述が明らかにされた場合には被疑者やその親族に対する加害や被疑者を畏怖・困惑させる行為がなされるおそれがあること（同項4号）に該当し、いずれにしても録音・録画義務を免除する例外事由があるとして、乙2号証の証拠調べ請求について、録音・録画記録媒体の証拠調べ請求義務がないことを主張することが考えられる。

弁護人としては、被告人自身が暴力団構成員ではなく、共犯者とされる者が暴力団構成員であったとしても、公訴事実に記載された死体遺棄・殺人とも暴力団と無関係であって、「暴力団の構成員による犯罪に係るもの」ではないことを指摘することになるだろう（3号の限定解釈。ちなみに、この条項自体が憲法14条違反になるという主張も十分に考えられる）。

さらに、仮に被疑者が取調べの際、両親や周囲の者との不和等を理由に「話しにくいことがある」と述べたのが事実であったとしても、取調べ録音・録画を実施するか否かによって供述の困難性に変動を来すものではないこと、つまり、被疑者の消極的な態度と取調べ録音・録画の実施との間に因果関係がないことを指摘して、このような事実は4項2号に掲げる取調べ録音・録画義務の例外事由に当たらないことを主張する。

以上の経緯のもと、検察官は、2号ないし4号の各号該当性について立証するための証拠請求を行うことになろう。

なお、この場合の証拠調べは、訴訟法的事実であるから自由な証明で足りるとして、公判前整理手続における事実取調べによって行うとの選択もあり

得る。しかしながら、弁護人としては、「自由な証明で足りる」としても、厳格な証明を排除するものではないし、その立証対象の性質からみて、法301条の2第4項に定める録音・録画義務の例外的免除に当たらないことの証明は、公判における証拠調べによって行うべきであると主張することになるのではないか（この点なお、議論がありうるであろう）。

(3) 証拠②（乙3）について

　弁護人は、証拠①同様に、「不同意」とし、検察官が法322条1項に基づく請求をすれば、「取調べに異議がある。任意性を争う」との証拠意見を述べることになる。

　これに対し、検察官は、法301条の2第1項に基づき、任意性立証のため、③を補助証拠として証拠調べ請求する。

　検察官が「当該書面が作成された取調べ又は弁解の機会の開始から終了に至るまでの間」（301条の2第1項）の記録媒体の証拠調べ請求ができなければ、当該書面の証拠調べ請求は必ず却下される（301条の2第2項）。そこで、弁護人が、録画媒体の証拠調べ請求について、検察官が法301条の2第1項の請求義務を充たす請求をしていないと判断する場合は、その旨主張して、証拠②の証拠調べ請求について、却下を求めることとなる。

ア　［争点3］「当該書面が作成された取調べ又は弁解の機会の開始から終了に至るまでの間」

㋐　「取調べ又は弁解の機会の開始から終了に至るまでの間」にいう「開始」と「終了」の捉え方は広狭の解釈があり得る（特に「開始」概念が問題となろう）。この問題は、率直に言って、実務上かなり難解な論点にもなりうるように思われる。

　本件に則して考えると、次のような、いくつかの考え方が形式論理的には存在しうる。

(a)　本件の証拠③のように、当該書面が現に作成された場面である午後3時から3時30分の取調べのみの場面

(b)　当日についての午後からの取調べの場面

(c)　当日については終日の取調べの場面

(d)　前の調書の作成が終了してからの次の取調べから今回の調書作成まで

の取調べ場面

(e) Aの身体拘束下において乙3号証に記載されている事項に関する取調べがなされた場面

(f) 当該被疑事実（本件では殺人）での逮捕・勾留以降のすべての取調べ場面

(g) 当該被疑事実による逮捕に先立つ身体拘束下も含むすべての取調べ場面

など、様々な切り取り方が考えうる。

(イ) そこで、本件殺人の被疑事実により逮捕・勾留されている間に作成された乙3号証の任意性立証のため、検察官が取調べを請求した録音・録画記録媒体の記録範囲が「当該書面が作成された取調べ又は弁解の機会の開始から終了に至るまでの間における被告人の供述及びその状況を第4項の規定により記録した記録媒体」の要件を満たすか否かが問題となる。

(a)は、取調べの「回」が形式的に区切られている以上、その「回」のみで足りるとする考えであるが、単に読み聞けと署名押印部分のみが録画されていれば足るということになりかねず、明らかに相当ではない。(b)ないし(d)も、(a)と同様に、いわば形式的な概念で場面を切り取ろうとするものであるが、任意性立証の「最低限」の要請を充たすか否かは、形式的に決め得るものではないから、やはり相当ではないだろう。(d)は形式的概念としては、もっともまっとうな考えを提示しているとは思われるが[5]、調書作成を1つ挟むことによって区切りがつくということは必ずしもいえないと思われ、やはり、「実質的」に考えるべきもののように思われる。

他方、如何に「実質的」に考えるとしても、(f)や(g)のような考えは、本条4項における義務より1項における義務のほうが、その範囲は狭いとされていることの説明に難を来たすところがあるようにも思われる。

以上のように考えると、「開始から終了に至るまでの間」は、乙3において、要証事実とされている事項についての取調べの「開始」から当該調書作成の「終了までの間」と捉えるべきである。したがって、本設例のようなケース、すなわち、作成された供述調書の読み聞け及び署名指印の場面のみともいえる期間の記録媒体の請求では、当然足りない。

(ウ) また、本件においては、殺人の被疑事実による逮捕・勾留に先行する死

体遺棄を被疑事実とする逮捕・勾留中から、殺人に関する取調べが継続して行われ、現に殺人に関する供述を記載した乙2号証が作成されたのであるから、「当該書面が作成された取調べの開始」は、殺人事件による逮捕・勾留期間に限定されるわけではない。捜査実務上、捜査機関がより重視する本件の被疑事実での逮捕に先立ち、別罪で逮捕し、その機会を利用して本件被疑事実についても追及するということが現に行われている（本件においても、死体遺棄の被疑事実における勾留期間中に、殺人事件への関与を認めたかのような内容の乙2号証が作成されている）のであり、身体拘束がいかなる被疑事実を根拠としてなされているかにかかわらず、任意性を争う事項についての取調べがなされた以上、弁護人としては、「当該書面が作成された取調べ又は弁解の機会の開始から終了に至るまでの間」の取調べに該当することを前提として、意見を述べるべきであろう。本件の弁護人としては、検察官から証拠③の請求がなされた段階で、殺人の被疑事実による身体拘束中のみならず、死体遺棄の被疑事実による身体拘束時も含め、乙3に記載された事項に関してなされた取調べのすべてが「当該書面が作成された取調べ」にあたるとして、補助証拠としての録音・録画記録媒体の証拠請求がなされるべき（それを欠くときは2項却下になる）との意見を述べるべきである。

㈤　さらに、対象事件に関する被疑者供述の任意性に影響を与えた取調べである限り、法301条の2第1項が規定する録音・録画記録媒体の証拠調べ請求義務の対象となるものと解すべきとの考えもありうる。そのような考えに立つ場合は、仮に乙3に記載されている事項に関する取調べが始まる以前であっても、そこでの取調官の言動がその後の被疑者の乙3記載事項に関する供述に影響を与えたといいうる場合は、その取調べ自体において既に「当該書面が作成された取調べ」は「開始」されていたとして、その取調べの記録媒体についても証拠調べ請求がなされるべき（それを欠くとき2項却下になる）と主張することが考えられる。

　以上の弁護人の意見が認められれば、証拠②（乙3）の証拠調べ請求は、法301条の2第2項により却下される。他方、裁判所が法301条の2第2項違反を理由とする却下をしなかった場合は、その裁判所の訴訟指揮に対して、弁護人は異議を述べることを忘れてはならない。

イ ［争点4］任意性の疑い如何という争点になった場合

　法301条の2第2項による却下が認められなかった場合、次に弁護人がとるべき対応は、任意性について具体的に争うことである。そこで、弁護人としては、任意性に関する争点形成のため、任意性に疑いを生じさせる具体的事情についての予定主張を明示することになる。そして、形成される任意性をめぐる争点のうえでは、検察官が請求した記録媒体のみでは「法律的関連性を欠く」ゆえに「取調べに異議がある」との主張を前向きに検討すべきであろう。一部の記録媒体の再生が形成された争点に関する事実認定を誤らせる危険が高い場合は、法律的関連性の問題と捉えられるからである。記録媒体が欠缺する場合、この問題はたえず検討課題たりうる。

　他方、争点形成の在り様によっては、録音・録画記録媒体について、検察官の証拠調べ請求が追加されることが考えられる。これとともに、法301条の2第1項に基づく録音・録画記録媒体以外とされた記録媒体の証拠調べ請求を、弁護人が行うこともある。

⑷　証拠④（被告人の再現実況見分調書）について

ア　弁護人が述べた不同意意見に対して、検察官は、再現写真については法322条1項の要件を充たすとして、証拠採用がなされるべきと主張するであろう（最二小決平17・9・27刑集59巻7号753頁参照）。

　これに対し、弁護人は、任意性を争うとの意見を述べるとともに、再現写真を供述証拠（実質証拠）として証拠請求する以上、法301条の2第1項により、検察官は、当該実況見分の状況を記録した録音・録画記録媒体の証拠調べ請求義務を負うと主張することとなる。

イ　この場合、検察官は、実況見分は取調室で行われるものではなく、198条の取調べにあたらないため、法301条の2第1項の録音・録画記録媒体の請求義務はないと主張することがあるかもしれないが、そのような考えは失当である。その理由を改めて述べておくと次のとおりである。

　実況見分調書とは、本来、捜査官が五感の作用によって認識する捜査行為の結果を記録する資料であるが、見分に被疑者を立ち会わせ、現場指示にとどまらない現場供述をさせて、その供述を併せて記録することが頻繁に行われている。捜査記録の表題にのみ着目して形式的に判断するのではなく、記

録された内容の実質に着目して、実況見分調書であっても、現場指示にとどまらない被疑者の現場供述を記録したものであり、それが実質証拠として使用されようとする場合は、法301条の2第1項の規定する供述を記録した書面に該当する（これ自体に疑いはない）。それゆえ、記録された供述の任意性に疑いがある場合は、録音・録画記録媒体の証拠調べ請求義務が生ずる。前記最高裁決定も、再現実況見聞調書中に記録された被疑者供述を実質証拠として用いようとする場合は、法322条1項の定める証拠能力を備える必要があることを明言している。

　なお、仮に検察官が立証趣旨を「犯行再現状況」などとした場合であっても、その実質は、「犯行状況」を要証事実とする実質証拠であるから、前記同様に解されるべきである（前掲最高裁決定参照）。

ウ　捜査実務上、実況見分の際の被疑者の言動を録音・録画する運用は2016年段階では定着していない。したがって、仮に2019年段階も変わらないとすれば、実況見分調書中の被疑者による再現を供述証拠として用いようとしても、検察官が、法301条の2第1項による録音・録画記録媒体の証拠調べ請求義務を果たすことは不可能ということになる。そういう状況だとすれば、再現実況見分調書（証拠④）は、法322条1項による被疑者の自白ないし不利益事実承認供述としての証拠能力は否定され、証拠調べ請求は却下される。

　なお、法301条の2の制定をうけて、今後、捜査側が被疑者による実況見分を録音・録画することが考えられるし、実際、そうしなければならないであろうが、この場合の「当該書面が作成された取調べ又は弁解の機会の開始から終了に至るまでの間」（301条の2第1項）が、どの範囲かも争いの対象となる可能性がある。仮に「取調べ」について、これを、その「回」のみとみなす立場に立ったとしてさえ、少なくとも当該実況見分の開始から終了までと解されるであろう。

　本書の立場からは、当該実況見分に先立って、犯行再現で要証事項とされる点に関する取調べが既に行われている場合には、その取調べの録音・録画記録媒体も併せて証拠調べ請求すべきことになるであろう。

　仮に1項問題がクリアされたとしても、録画・録音の欠缺がある限り、記録媒体の請求について法律的関連性如何を検討すべきことは前述したとおりである。

⑸　証拠⑤（実質証拠としての口頭自供の録画媒体）について

　弁護人は、取調べの録音・録画媒体を実質証拠として採用することには異議があるとの証拠意見を述べることとなる。

ア　改正法における実質証拠の可否

　法301条の2第1項の「書面」に「記録媒体」も含まれるとの解釈が許されるとすると、実質証拠としての記録媒体の取調べに先立ち、まずは任意性立証のために当該記録媒体そのものを証拠調べ請求しなければならないこととなる。そうすると妙な事態が生じることとなる。任意性立証のため（すなわち補助証拠として）の取調べにより、本来実質証拠として請求されている証拠の具体的内容を事実認定者が直に知りうる（その結果として、任意性のみを立証趣旨とする証拠によって罪体に関する心証を形成するおそれがある）こととなるからである。それにもかかわらず、法がかような規定を置いたということは、それはすなわち、記録媒体の実質証拠化を否定していると捉えるべきであろう。逆に、録音・録画記録媒体は、「書面」ではないとし、1項2項の規制をおよそ受けないという考え方もありうるかもしれないが、しかし、そう考えると、録音・録画記録媒体というだけで、1項・2項をおよそ免れることになってしまい、それは明らかに相当でない。

　さらに、法301条の2第3項も、実質証拠とすることを否定する趣旨といいうる。同項は、取調べ時の被疑者供述に関する取調官の伝聞供述について、同被疑者供述の任意性に疑いがある場合、取調官尋問に先立ち、取調官と被疑者の当該取調べにおける会話を記録した録音・録画記録媒体で任意性を立証すべく、当該記録媒体の証拠調べ請求を検察官に義務付けるものである。同録音・録画記録媒体には、同媒体の取調べにより任意性が認められた後に、取調官が証言するであろう取調べ時の被疑者の発言がそのまま記録されている。にもかかわらず、録音・録画記録媒体による任意性立証を取調官尋問に先立って行うことを義務づける制度設計は、記録媒体を、実質証拠ではなく補助証拠に限定することを前提としたものというべきである[6]。

　したがって、弁護人は改正刑訴法のもとでは、記録媒体について検察官からの実質証拠請求は許されないと主張することになる。

イ　改正法において実質証拠として許容されるとの立場に立った場合

　裁判所が改正法のもとにおいても実質証拠として許容するとの立場を採るならば、その実質証拠としての要証事実をとことん詰めていく作業になるであろう。要証事実について求釈明をするのである。そこで、供述態度が問題とされるのであれば、そのようなものを立証する必要性がなく、意味もなく、かえって危険であることを明らかにしていくことになろう[7]。法律的関連性にも疑問が生じることになる。結局、実質証拠として録音・録画記録媒体を再生することが適切でないことを明らかにし、仮に被告人質問を経てもなお、記録媒体に基づく証拠調べを行うべき一定の必要性が残るというような場合は、反訳文かこれを基にした合意書面などで検察の立証としては十分であることを示していくことになろう。

ウ　改正法において実質証拠として許容されないとの立場に立った場合

　実質証拠としての証拠採用の可否が協議され、その結果、実質証拠としての証拠⑤が不採用となった場合、検察官は、証拠⑥（口頭自供の際の取調官の証人尋問）を請求するかもしれない。証拠⑥の請求に対し、弁護人が任意性を争うとの意見を述べると、検察官は、証拠⑦（証拠⑤と同じもの）を補助証拠として請求することとなる。

　これに対し、弁護人は、証拠⑦のみでは、「当該書面が作成された取調べ又は弁解の機会の開始から終了に至るまでの間」の録音・録画記録媒体の取調べ義務を果たしたとはいえず、法301条の2第1項の要件を充足していないとの意見を述べることとなろう。

　仮に1項がクリアされるとするならば、記録の欠缺がある以上、任意性の争点との関係で、請求された記録媒体の法律的関連性を検討しなければならない（前述のとおり）。

　　*5　後藤昭「刑訴法改正と取調べの録音・録画制度」法律時報88巻1号（2016年）15頁
　　　　は、このような見解であると思われる。
　　*6　小坂井ほか・前掲注3『実務に活かすQ&A平成28年改正刑事訴訟法等のポイン
　　　　ト』15頁以下参照。
　　*7　東京高判平28・8・10判タ1429号132頁参照（なお、本書第3部小坂井論文を併
　　　　せ参照）。

公判

8

> Aの裁判員裁判公判が開かれた。公判では、Aの（捜査段階）供述証拠
> の任意性が主要な争点となった。

【解説】公判における任意性立証と録音・録画記録媒体の取調べ方法

⑴ 供述の任意性に関する証拠取調べ手続の選択
ア 訴訟手続に関する判断であることと問題点

　被告人（の捜査段階の）供述の任意性自体は、公訴事実記載の犯罪の成否
に直接関わる事実ではなく、証拠能力の有無に関する訴訟法的事実である。
裁判員裁判対象事件は、裁判員が関与する裁判を事実の認定、法令の適用及
び刑の量定に限定し（裁判員法6条1項1〜3号）、法令解釈及び訴訟手続
に関する判断を裁判官の専権事項と区分けしている（同法6条2項1〜3
号）。この区分けに従えば、被告人供述の任意性は裁判官のみで判断すべき
事項とも考え得る。証拠能力の有無の判断を前提とする証拠の採否決定が公
判前整理手続で行われ（刑事訴訟法316条の5第7号）、証拠決定に際して事
実取調べを行い得ること（同法43条3項）も踏まえると、裁判員裁判対象事
件では、裁判官のみが公判前整理手続で供述の任意性に関する事実取調べを
行い、任意性の存否、さらに証拠取調べの決定あるいは却下を行うことが可
能とも考えられるからである。

　しかし、立証対象を供述の任意性に絞るとはいえ、公判前整理手続で裁判
官のみが公判に先行して供述証拠の内容に触れることとなれば、公判開始時
に選任される裁判員と、同じ裁判体を構成する裁判官との間に、証拠の内容
に関する情報格差が生じる。この情報格差は、裁判員が公判における被告人
供述の真贋などを主体的・能動的に判断し評議することの障害ともなりかね

第2部　可視化弁護実践シミュレーション――死体遺棄・殺人事件　　**87**

ない。すなわち、既に（捜査段階の）供述証拠の取調べによって事実上の心証を形成している裁判官の判断が先行してしまうと、これを追認するだけの形式的な審理となってしまうといった危険をはらむのではないか。このことが従来から問題とされてきた。

イ　現実の運用など

2009（平成21）年の導入・施行以来、実際の裁判員裁判では、公判前整理手続で捜査段階の被告人供述の任意性が争点となれば、若干の例外報告例はあるものの、公判で録音・録画記録媒体の再生、取調官の尋問、被告人質問といった任意性の有無を立証趣旨とする証拠取調べを行うことが通例とされてきたといえる。供述の任意性と、裁判員の判断事項に含まれる供述の信用性が多くの場合に連動し、判断の基底となる事実関係も重複するため、供述の任意性と信用性を分けて判断することが困難だと解されたからである。

すなわち、供述の任意性に関する判断が裁判官の専権事項である訴訟法的事実であるとしても、裁判員の関与しない判断に関する審理についても裁判員の立会は許される（裁判員法60条）。刑事裁判の基軸であり、裁判員裁判の導入でより明確となった公判中心主義に則り、裁判官と裁判員の情報格差を解消して実質的平等を図る観点からは、供述の任意性に関する証拠の取調べと判断は、裁判官と裁判員がともに審理する公判で行うのが原則とされ、現に、そのように運用されてきたとみられる。

ウ　展望など

以上の経過のもと、取調べ可視化時代において、記録媒体の問題はどう考えられるか。弁護戦略としていえば、事件及び被告人の個別具体的事情に照らして録音・録画記録媒体を公判で再生する効果と弊害を予測し、具体的弊害の危険が高い場合は、例外的に公判前整理手続で任意性に関する事実取調べを行うことがあり得る。一例として、被告人が殺意を明確に否認しているものの、捜査段階の取調べでは被害者への怒りと恨みを露わにし、取り乱す場面が記録されていた場合を想定してみよう。たとえ裁判所、検察官及び弁護人が、録音・録画記録媒体を実質証拠としないことを確認して公判に臨んだとしても、捜査段階の被疑者取調べ状況録画が公判廷で再生され、被疑者の不穏当ともいうべき言動が何の注釈もなく明らかにされたとき、これが殺害の動機を推認させる不利な要素として、事実認定者（裁判官・裁判員）の心

88

証に影響を及ぼす危険性が存在することは否定できない。

このような場合など（その基準などにつき様々な考え方があると思われるが）、記録媒体をあくまで補助証拠として取り扱い、罪体に関する事実認定には用いないことを確認したうえで、公判前整理手続において裁判官のみに任意性判断を委ねることも検討すべきこととなる（厳格な証明ではないとの問題はありうるが、適式な証明であるから可能という理屈になるであろうか）。もとより、裁判官とて「人」であり、一つの信憑としての心証形成をすることは避けられないところだろうが、そこで、訴訟手続に関する判断に純化する可能性は、まだしも追求されうると考えられる場合もあろう。リスクマネジメントとしては、このような二段構えをも検討すべきといえよう。

⑵　公判における供述の任意性に関する証拠取調べの方法

ア　経緯

公判で被告人供述調書の任意性を争う場合、従来は、問題とされる供述調書の作成過程及び作成に至った取調べの経緯について、被告人質問と取調官の証人尋問を行い、いずれの供述がより信用できるかという観点から判断されてきた。そのため取調べ時の状況に関する客観的な裏付けを欠く密室取調べの弊害として、「言った」「言わない」の不毛な水掛け論に陥ることが避けられなかった。

裁判員裁判の導入と、捜査機関の運用による取調べ録音・録画の一部試行により、当該供述調書を作成した取調べの状況は、記録媒体の再生によって確認されるようになってきた。そして、取調べ状況の録音・録画制度の法制化（「全過程」録画）によって、供述の任意性に疑いのある供述調書を作成した際の取調べ状況を記録媒体の再生によって確認する原則が定着することとなる。

イ　審理の在り方

今後、被告人供述の任意性に争いがある事件の公判では、まず記録媒体を再生して取調べ状況を視聴することになる。そして、可能な限り、客観的な視点から、供述の任意性に疑義を生じさせる事情の有無を捉え、さらに、当該事情と自白あるいは不利益事実の承認供述の因果関係などに関する事実認定を行うことになる。これが原則である。

第2部　可視化弁護実践シミュレーション——死体遺棄・殺人事件　　**89**

そのような任意性審理の冒頭には簡易な冒頭陳述を行うことが考えられる。供述の任意性を立証趣旨とする取調官の尋問は、記録媒体の視聴後、必要に応じて補足的に行うことがありうるであろうか。また、被告人質問を記録媒体再生の合間に行うなどの工夫も検討すべきであろう。

　これらのことを踏まえて、検察官、弁護人は、公判で取り調べた記録媒体、証拠採用された被疑者ノート、さらには取調官の証言や被告人の供述内容等の証拠に基づき、供述調書の証拠採否に特化した意見（証拠弁論）を述べ、裁判所が双方の意見を聴いた上で供述調書の証拠採否を決することとなる。

⑶　再生する記録媒体の範囲、選択

ア　選択について

　刑事裁判における立証責任の原則に照らし、検察官は、供述の任意性について立証責任を負うが、長時間にも及びかねない取調べを記録した録音・録画記録媒体のうち、公判でどの媒体をどの程度再生すべきかは、検察官にとっても難しい問題となりうる。公判再生すると決める段階にあって、これは、しかし弁護人にとっても大きな難問となりうる。

　再生すべき録音・録画記録媒体は、検察官が一次的に選択することになる。しかし、検察官の選択した録音・録画記録媒体を再生するだけでは、任意性に障害を及ぼした違法・不当な取調べの全貌が明らかとならないことが予想される場合、弁護人は、検察官が請求した録音・録画記録媒体の視聴だけでは任意性に関する判断を誤るおそれがある旨主張し（そのような証拠だけでは法律的関連性を欠くと主張することになろう）、場合によっては、弁護人が選別した録音・録画記録媒体も併せて取り調べるよう求めることになる。

イ　法301条の2第1項2項

　検察官が公判で再生を求める録音・録画記録媒体の範囲が妥当であるか否かは、まず、法301条の2第1項の定める「取調べの開始から終了に至るまでの間」の録音・録画記録媒体の証拠調べ請求義務を充たしているか否かという観点から検証されることになる。本書の立場では、虚偽供述の対象となった事項に関する取調べのうち一部でしかないものを抽出して、その取調べ状況のみを記録した録音・録画記録媒体が証拠調べ請求されただけでは上記要

件を充たさない。法301条の2第2項により供述調書の証拠調べ請求が却下されることになる。

　これは本書で繰り返し言及してきた論点であるが、一つの難問であることは否定し得ず、一部に過ぎないか否か、この要件を充たすか否かは、いずれにしても、論争の対象となるであろう。基本的に公判前整理手続段階で決着がつけられるテーマとも思われるので、ここでは繰り返さない。

ウ　弁護側の反証について

　検察官が取調べを請求する記録媒体は、任意性の存在を立証趣旨とするものであり、検察官としては、その中身の様々な要素にもよるが、虚偽自白を誘発した違法・不当な取調べ状況を含むとされる録音・録画記録媒体の取調べについては、これを積極的には求めようとはしないであろう。

　それゆえ、検察官請求の記録媒体が法律的関連性がないとして却下される場合は格別、そうでなければ、検察官立証に対する反証としての証拠調べ請求を弁護人は考えなければならない。検察官請求の録音・録画記録媒体を公判で再生するだけでは、虚偽供述の原因となった違法・不当な取調べの実態が明らかにならない危険があるからである。

　弁護人は、裁判所に対し、検察官の請求する録音・録画記録媒体の取調べだけでは任意性判断の証拠として不十分であり、誤導の危険があることを指摘して、（それで法律的関連性が否定されない場合は）弁護人の請求する録音・録画記録媒体の取調べを採用させることになる。違法・不当な取調べを特定するため、弁護人は、捜査段階から、将来の公判で任意性判断に関する録音・録画記録媒体の再生範囲に争いが生じる可能性を念頭に置き、接見等で違法・不当な取調べの情報に接する都度、間髪を入れず抗議申入書（**書式5**）、取調べ監督規則等に基づく苦情申出（**書式6**）などを書面によって行うことが必要である。抗議の“足跡”を残しておくことにより、問題のある取調べを客観的に特定することができるからである。

　弁護人が録音・録画記録媒体の追加取調べを求める場合、裁判所は、公判における長時間の録音・録画記録媒体の再生が裁判員の負担になるなどとして、再生すべき録音・録画記録媒体の総量を絞り込もうとすることも懸念される。しかし、既に述べたとおり、検察官が任意性を立証する目的で抽出した、いわば“いいとこ取り”の録音・録画記録媒体のみの再生では、本来的に

任意性の判断を誤る類型的危険があり、立証命題である供述の任意性との法律的関連性がないといわざるを得ない場合がある（この点、繰り返し述べたとおりである）というべきなのであるから、法律的関連性の問題がクリアされたという場合でも、記録媒体の絞り込みには警戒しなければならない。すなわち、弁護人は、裁判員の負担軽減を盾に、「ベスト・エビデンス」と称して、過度の証拠絞り込みを行おうとする裁判所の訴訟指揮に怯まず、任意性の判断に必要十分な記録媒体の取調べを実現すべきである。

　なお、記録媒体の再生によって被疑者の供述態度が明らかとなり、それが不当な事実認定を招くおそれがあると判断される場合は、対象とすべき取調べ状況を反訳した録音反訳書を証拠書類として証拠調べ請求することも検討することになろう。

(4) 法301条の2に基づく取調べ録音・録画制度における任意性の判断方法
ア　基本的なスタンス

　録音・録画制度の導入によって、取調官の暴行や暴言、自白強要等の黙秘権侵害、露骨な利益誘導など、あからさまに違法な取調べによる虚偽供述の調書作成や無理に供述を引き出すような事態は激減するだろう（これこそが取調べ可視化導入の目的の一つである）。今後、一見すると、取調官の穏やかな説得に対し、被疑者が「任意に」質疑に応じた結果、供述調書が作成されたかのようにみえる場合も増えることが想定される。そうであったとしても、弁護人は、取調官の巧妙な誘導や誤導、利益供与の示唆などを見抜かなければならない。そして、被疑者の心理に影響を与えて虚偽自白の動機形成につながった要素を指摘して、任意性の存在に合理的な疑いが生じることを明らかにすべきである。

イ　虚偽供述の理由

　供述の任意性は、肉体的・心理的圧迫を受けて取調官に屈服させられた場合や、取調官のストーリーを受け容れたら身体拘束から解放されると期待させるなどの露骨な利益誘導で、被疑者の合理的判断を狂わせた場合にのみ損なわれるわけではない。多くのえん罪被害者、あるいは、虚偽供述をしてしまった者は、虚偽供述に至った理由として、些細な食い違いや記憶違いを指摘され、自分の記憶に自信を失ったところで、他の人の供述の内容を聞かさ

れてたたみかけられたり、いくら言い分を話しても、はねつけられたり、無視されたりして全く取り合ってもらえないことに絶望し、抵抗を諦めたとしている[8]。

ウ　分析について

いわゆる理詰めの取調べで作成された虚偽自白調書の任意性に合理的疑いがあることを指摘するためには、録音・録画記録媒体に残る取調官と被疑者のやり取りの全文反訳を基に、取調官の発問と被疑者の回答を分析することが必要不可欠である。取調官が被疑者の知らない事実について問い質し、被疑者が迎合を余儀なくされた結果において、被疑者が「自発的に」"秘密の暴露"に当たる事実を語ったかのような内容の供述調書に仕上げられたというような過程を明らかにしなければならない。供述心理学等を専門とする学識者の協力を得た的確な供述分析が重要であり、正式に鑑定を依頼して、虚偽自白に至る心理の分析を行うことも考慮すべきである。

任意性に疑いがあることを指摘するための供述分析のポイントとして、試案を呈示すれば、以下のような項目が挙げられる。試案にすぎないが、一つの参考にしていただければと考える[9]。

① 取調べ状況報告書に記載された取調べの開始・終了時刻、休憩の有無、延べ取調べ時間等を把握し、被疑者ノートや弁護人接見時の聴取内容、さらには捜査状況（被疑者立会いの実況見分や被害者・共犯者の供述調書作成がいつなされたか等）をも参考にして、被疑者の取調べ履歴を時系列に沿った一覧表などに整理し、検討することにより、任意性に問題を生じさせた事情に当たりをつける。

長時間の取調べが続いていることは、疲弊による勘違いや誤認、取調官の長時間の追及に耐えかねて虚偽自白に至った過程等を推認させる根拠となる。

② 質問の中に質問者の得たい答えが既に含まれ、回答者が「はい」「いいえ」のいずれかを答えざるを得ないように仕向けるクローズド・クエスチョン等の誘導的な取調べの有無及び頻度と、被疑者の対応に注目する。とりわけ、いわゆる「秘密の暴露」にあたるとされる事実に関する供述が調書に記載されている場合は、調書作成時の取調べ状況だけではなく、同一事項について行われた他の取調べ機会の記録媒体と録音反訳を

第2部　可視化弁護実践シミュレーション——死体遺棄・殺人事件　93

分析すべきである。そのうえで、被疑者が、取調官から与えられた情報を反復したに過ぎないことを窺わせる取調官の巧妙な誘導の発見に努めるべきである。

③　取調官と被疑者の発話量の格差に注目する。取調官の発する質問の数、話した言葉の数や話す時間を計測して被疑者の発話量・発話時間と比較し、大きな格差がある場合は、取調べで現れる情報の大半が取調官によってもたらされたことを窺わせる事情にあたる。

④　取調べ状況の録音反訳と供述調書を比較し、被疑者が取調べ中に発した有利な事情に関する発言が正確に記録されているか、取調官が故意に無視し、あるいは聞き逃しているような事情があるか否かを検証すべきである。

⑸　録音・録画記録媒体の検索などについて

最後に、分析の前に、記録媒体の検討の仕方・その検索について述べておこう。記録媒体が膨大になる場合、これを前に、何処から手を付けたらよいか迷うことが多いのは事実であろうから、その確認の優先順位を考えるべきであろう。この点、総論的な試論を述べれば、次のとおりとなろう。

①　まず、最初期供述の状況を確認する

②　次いで必ず、請求調書がある場合のその場面の状況を確認する

③　そのうえで、被疑者ノート、接見メモ、取調べメモによる検索を行う

ということである。

もとより、反訳すべきケースもあれば、検察官が反訳している場合もあるので、その証拠開示を受ける方法もある（7号準用。少なくとも主張関連証拠開示の対象である）。記録媒体の量に怯まず、的確に対応する途を見出さなければならない。以下、前提について言及したうえ、より具体的に述べることとしよう。

まず、虚偽の自白調書を作成された疑い、あるいは、調書が作成されなくとも、そのような虚偽供述が捜査段階でなされた疑いがある事件では、裁判員裁判対象事件でない場合も、起訴された後、裁判所に対し、公判前整理手続に付すよう求めた上で、類型証拠として録音・録画記録媒体の開示を受けなければならない（刑訴法316条の15第1項7号）。改正刑訴法により、公判

前整理手続に付すべきことを求める請求権が被告人もしくは弁護人に付与されているところ（316条の2第1項）、これは当事者追行主義を象徴する意味があるというべきであって、弁護人において、より主体的な関与が求められるようになったといえる。類型証拠として開示を受けることのできる供述録取書等（316条の15第1項7号）には録音・録画記録媒体が含まれることはいうまでもない（316条の14第1項、改正刑訴法290条の3第1項）。

　裁判員裁判対象事件、検察官独自捜査事件のいずれについても、被疑者取調べに相当な時間を費やす場合が多い（それ以外の事件でも同様といえる）。可視化することにより、この時間が短縮化されていくことも想定されうるが、なお取調べ録画時間は長くなっているのが現実で、有意に短くなっている状況にはない。関連する被疑事実について再逮捕・勾留が為された場合などには、録画時間は、さらに長くなる。共犯者や参考人についての記録媒体を含めると、膨大な記録媒体が存在するという場合も生じる。これらを闇雲に視聴するということでは、供述の任意性などに影響を及ぼした不当な取調べを特定し、的確に検討するのは困難といわざるをない。検察官から開示を受けた相当量の録音・録画記録媒体から、供述の任意性などの有無を検証するために視聴すべき部分を、効率的、効果的に発見する方法が重要である。以下は、その試論である[10]。

ア　初期供述の記録媒体

　録音・録画記録媒体は、全部を謄写し、できる限り弁護人が録画映像を再生して入念に検証できる体制を整えるべきであるところ、まず最初期段階の供述については、これを確認する必要がある。もとより、最初期段階とはいえ、既に汚染された供述である可能性が多くあることは否定できない。他方、プリミティブな供述であれば、それは、その真偽を別にしても汲み取るべき多くの要素を孕ませているところがある。原初的な情報は貴重である。その意味で、最も確認すべき優先順位が高いというべきであろう。

イ　証拠調べ請求調書が作成された日の録音・録画記録媒体

　そのうえで、検察官が取調べを請求した自白調書等が作成された日に行われた取調べの状況は必ず通覧することになる。当該「回」だけではなく、まずもって、その日の取調べは併せて全て視聴すべきである。録画映像から、取調官による自白の強要や違法・不当な誘導の有無、捜査資料や第三者の供述

の示し方、被疑者の心身の不調や疲弊の度合いなど、供述の任意性に影響を及ぼす可能性のある事情の有無を読み取ることが必要である。

ウ　その他開示された供述調書など、取調べ状況等報告書からの特定

被疑者が否認から自白に転じた場合、取調官は、その供述を直ちに調書化するのが通常であるが、必ずしも最初に作成された自白調書が証拠調べ請求されるわけではない。取調官は、被疑者が自白に転じた後、客観的な証拠や共犯者供述との整合性を確認しながらさらに取調べを行い、複数の自白調書を作成することが多い。そのうえで、検察官は、複数の調書のうち、他の証拠と最も整合的な内容の自白調書（多くの場合、最後期のまとめの調書）を選んで証拠調べ請求するであろう。したがって、自白の任意性を検証するためには、自白調書が作成された日の取調べだけでなく、否認ないし黙秘から自白に転じた瞬間を把握し、その前後の取調べ状況を記録媒体によって検証することが必要である。これが、法301条の2第1項の範囲を少なくとも画するはずであることも本書で繰り返し述べてきたとおりである。

最初に自白調書が作成された取調べ（その「回」）を特定するには、類型証拠として開示される被告人供述調書の作成日を見たうえ、1日あたりの取調べ開始・終了時刻や供述調書の作成の有無等が記載された取調べ状況等報告書（刑訴法316条の15第1項8号）の内容に基づき、その際の取調べ状況を（被疑者ノートや接見メモあるいは取調べメモで、さらに当たりをつけて）記録媒体によって確認することになる。そのうえで、否認ないし黙秘から自白に転じた瞬間を特定する作業となろう。最初の自白調書が作成された取調べから徐々に遡って記録媒体を視聴し、取調官による誘導・誤導などの有無を確認し、任意性に影響を及ぼす可能性のある事象が起きているかどうかを検証することも必要である。

エ　被疑者ノート、接見メモ、抗議書等を用いた特定

被疑者が取調べ中に記した被疑者ノートの記載、弁護人が接見の際に被疑者から聴取した取調べ状況、弁護人が違法・不当な取調べに対して行った抗議等は、当然ながら、虚偽自白を産んだ違法・不当な取調べを特定する際の極めて重要なツールである。捜査弁護活動の時点から、後に記録媒体によって取調べを検証する必要が生じることを想定し、日時を特定したうえで、できる限り具体的に違法・不当が疑われる取調べの状況を被疑者から聴取し、

記録しておくことが重要である。

被疑者に対しても、被疑者ノートは、数日分をまとめて書くのではなく毎日記録すること、取調べ状況や取調官の言動をできる限り具体的かつ詳細に書き残しておくことを求めるべきであろう。被疑者の心身の不調や疲弊が供述の任意性に影響を及ぼした疑いがある場合は、留置施設から動静簿等の開示を受け、健康状態が変動した時期等を特定し、同じ頃に行われた取調べの状況を記録媒体で確認することも考えられる。頻回な接見と、そのメモが、この検索のうえで、欠かせないこともいうまでもない。有り体にいえば、どの接見における弁護人のアドバイスに対し、どのような取調べがなされ、依頼者がどう供述したか（していないか）などを、きっちりと辿ることができることから、自らにとって弁護活動が可視化されるというべきであろう。

オ　被告人・被疑者との共同視聴

以上のような資料を用いて特定した録音・録画記録媒体は、必要に応じて被告人に視聴してもらう。可能な限り弁護人と被告人が一緒に視聴すべきである。そのように検証することが有用である。映像によって取調べ状況を確認したのを機に、被告人が、転機となった取調べ、あるいは取調室以外での違法・不当な自白強要を思い出すことも期待される。

なお、留置施設における取調べ状況記録媒体の視聴は、弁護活動として当然に許されるものであり、被告人が起訴後勾留されている場合であっても、弁護人は、必要に応じて記録媒体を再生できるPCなどを持参し、被告人に視聴させることになる。とはいえ、留置施設で録音・録画記録媒体を入念に視聴し、検証するのは物理的な困難を伴う。録音・録画記録媒体の相当量の証拠を入念に検証する必要性等をも主張し、被告人の保釈を請求すべきであろう（改正刑訴法90条参照）。諸事情により保釈が困難な場合は、被告人にチェックを求めたい部分について、録音・録画記録媒体の録音反訳書を作成し、差し入れることも検討すべきである。なお、今後は、被告人が施設内で独自に検討可能なように物理的設備が備えられるべきである。

カ　自白調書作成後の取調べの検証

上記のような資料を用いて、虚偽自白を招いた違法・不当な取調べ機会を特定し、録音・録画記録媒体によって、否認ないし黙秘から自白に転じ、自白調書の作成に至る経緯を検証することが重要であるが、加えて、問題の自白

調書が作成された後に行われた取調べ状況も、付加的に確認しておくべきである。また、被疑者が自白の撤回や不利益供述の訂正を求め、取調官が応答している様子の記録は必ず検討することになる（いわゆるリカバリー供述についての検証になる）。これは、自白の虚偽性を推測させる資料として活用できる可能性がある。

キ　録音反訳書の作成・活用

　録音・録画記録媒体の検証にあたって困難が生ずるのは、映像中の問題のある場面を素早く発見するための記録媒体中の検索機能が不足していることである。視聴の際、問題のある場面の撮影時刻をメモし、場合によっては時系列表に整理しておくことも考えられよう。費用負担の問題は生ずるが、特に慎重な検証の必要な録音・録画記録媒体については、被疑者と取調官の発言を逐語的に記した録音反訳書を作成すれば、反訳書のデータを用いてキーワード検索等を行うことができるようになる。録音反訳書は、先述のとおり、拘束されている被告人に差し入れる場合にも有用である。また、録音・録画記録媒体の映像に表れる被疑者の供述態度等が不当な心証形成を招くおそれがあり、映像そのものの証拠調べ請求が躊躇される場合であっても、取調官と被疑者のやり取りを法廷で明らかにする必要がある場合、録音反訳書を証拠として活用し、証拠調べ請求することも考えられる。専門家に供述分析や鑑定を求める際にも有用なツールとなろう。

*8　村木厚子『私は負けない』(中央公論社、2013年)150頁以下の第2部第2章「ウソの調書はこうして作られた」(対談：上村勉・村木厚子)参照。

*9　なお、この関係では大阪地決平19・11・14判タ1268号85頁は必ず参照されるべきである。

*10 録音・録画記録媒体の謄写は、DVDやブルーレイディスクに録画映像をコピーして弁護人に交付する方法が一般的であるが、具体的な謄写方法は検察庁によってやや取扱いが異なる。ブルーレイディスク1枚あたり数千円の謄写費用を要する場合もあることが報告されており、録音・録画記録媒体の謄写費用負担の在り方は早急な改善が必要である。

【書式1】可視化申入書（基本形）

2019年6月9日

検察官 　　〇〇〇〇殿
司法警察職員 　〇〇〇〇殿

可 視 化 申 入 書

被疑罪名 　死体遺棄

被疑者 　A

弁護人 　〇〇〇〇
電話 　〇〇〇〇　FAX 　〇〇〇〇

　私は、本年6月7日、上記被疑事実について逮捕された被疑者の弁護人として、貴職らに対し、被疑者に対して今後実施される取調べの「全過程」を録音・録画するよう申し入れます。本件の事案の内容からすれば、そもそも録音・録画義務の対象となる取調べがなされるとみられ、また被疑者の供述が検察官の立証上重要であることはもとより、今後、証拠関係や供述状況等に照らし被疑者の取調べ状況をめぐって争いが生じることもありうるため、いずれにしても、本件が取調べ全過程を録音・録画すべき事件であることに疑いの余地はありません（刑訴法301条の2、及び、最高検判第64号・平成26年6月16日付最高検次長検事「取調べの録音・録画の実施について（依命通知）」参照）。

　したがいまして、弁護人は、検察官及び警察官に対し、被疑者の取調べ「全過程」を録音・録画するよう求めます。併せ、念の為、検察官において司法警察職員に対し指揮され、警察での取調べにおいても「全過程」を録音・録画するよう求めます。「全過程」の録音・録画が実施されないまま作成された被疑者の供述調書等が、将来の公判で証拠請求された場合、当該調書等の証拠能力を否定し、任意性を争うことをあらかじめ告知いたします。

以上

第2部 　可視化弁護実践シミュレーション——死体遺棄・殺人事件 　　99

【書式2】可視化申入書（例外事由なし）

〇〇年〇〇月〇〇日

検察官　　　〇〇〇〇殿
司法警察職員　〇〇〇〇殿

可 視 化 申 入 書

被疑罪名　死体遺棄

被疑者　Ａ

弁護人　〇〇〇〇
電話　〇〇〇〇　FAX　〇〇〇〇

1　当職は、上記被疑事実について逮捕された被疑者Ａの弁護人として、貴職らに対し、Ａに対して今後実施される取調べ（警察官によるものか検察官によるものかを問いません）の全過程を録音・録画するよう、あらためて強く申し入れます。万が一、取調べ全過程の録音・録画がなされない状況において、Ａの供述録取書等が作成された場合には、当職は、公判において、当該供述録取書等の証拠能力を否定し、任意性を争うことを予め告知します。

2　貴職らもご承知のとおり、平成28（2016）年5月24日、裁判員裁判対象事件及び検察独自捜査事件の2類型（これを「対象事件」といいます）について、警察官及び検察官の被疑者取調べ全過程の録音・録画義務を定める刑事訴訟法改正法が成立し、本年〇月〇日に施行されました。

　　また、最高検察庁は、平成26（2014）年10月1日以降、公判請求が見込まれる事件での拘束された被疑者の取調べについて、被疑者の供述が立証上重要であるため取調べ録音・録画の必要がある場合など、録音・録画義務の対象事件に該当せずとも取調べ録画を実施するよう、全国の検察官に通知しております（最高検判第64号・平成26年6月16日付最高検次長検事「取調べの録音・録画の実施について（依命通知）」）。

3　本件は、死体遺棄事件であり、刑事訴訟法301条の2第1項に定める録

音・録画義務の対象事件には直ちには該当しません。しかし、非対象事件での身体拘束下であっても、対象事件の事実について取調べが行われる場合には、法律上、録音・録画義務があると解されることに争いはありません。本件では、その事案の性質やこれまでの取調べの経緯から、殺人等の被疑事実に関する取調べが予定されているのみならず、現になされていることは明らかです。実際、死体遺棄の事実と殺人の事実を明確に区別して取調べを行うことなど事実上不可能です。

4　本件において被疑者自身、取調べの録音・録画を求めており、法301条の2第4項2号の例外事由は存在しません。また、本件で共犯者の一人とされるBは指定暴力団の構成員とのことですが、被害者とされるCは暴力団構成員ではなく、被疑事実を前提としても、本件は暴力団抗争等でないことは明らかであり、また、そのような組織が関与している事件でもありません。したがって、本件には法301条の2第4項3号（さらに4号）の例外事由も存在しません。

5　以上の通り、本件は、いかなる意味においても、取調べを録音・録画する必要がある事件です。
　　よって、検察官及び司法警察職員に対し、その取調べの全過程を録音・録画されることを求めます。

以上

【書式3】抗議書

〇〇年〇〇月〇〇日

〇〇地方検察庁　検事正　〇〇〇〇殿
〇〇地方検察庁刑事部長　〇〇〇〇殿

抗　議　書

被疑罪名　死体遺棄
被疑者　Ａ

弁護人　〇〇〇〇
電話　〇〇〇〇　FAX　〇〇〇〇

1　当職は、上記被疑事実について逮捕された被疑者Ａの弁護人です。被疑者
　Ａの取調べを当初より担当している〇〇検事は、取調べ状況の録音・録画
　を一切しようとしません。この点につき、当職は、書面にて申入れるととも
　に、再三電話にて抗議しておりますが、同検事は、録音・録画を行わない理
　由につき、十分な説明を行うこともありません。かような同検事の対応は、
　次に述べるとおり、違法といわざるをえません。

　　そのため、〇〇検事の監督権限を有する貴職らに対し、同検事による違法
　な取調べについて抗議するとともに、同検事に対し、適正かつ厳格に指導さ
　れることを求めます。

2　〇〇検事は、本件が刑事訴訟法301条の2第1項に定める録音・録画義務
　の対象事件に非該当であるとして、録音・録画義務がない旨主張されるのか
　もしれません。しかしながら、たとえ非対象事件での身体拘束下であって
　も、対象事件の事実について取調べが行われる場合には、法律上、録音・録
　画義務があると解されることに争いはありません。

　　本件は死体遺棄事件であり、その事案の性質から、今後、殺人等の被疑事
　実での再逮捕が予定されているともみられますが、いずれにしても、死体遺
　棄の事実と殺人等の事実を明確に区別して取調べを行うことなど事実上不
　可能であり、現在行われている取調べにおいても、殺人等の事実（対象事件）

についても取調べが行われていることは疑いを挟む余地はありません。

　したがいまして、現在、被疑者Aに対して行われている取調べは、法301条の2第1項及び第4項により、録音・録画が義務付けられたものというべきです。

3　また、御承知のとおり、最高検察庁は、公判請求が見込まれる事件における拘束された被疑者の取調べについて、被疑者の供述が立証上重要であるため取調べ録音・録画の必要がある場合、録音・録画義務の対象事件に該当せずとも取調べ録画を実施するよう、全国の検察官に通知しております（最高検判第64号・平成26年6月16日付最高検次長検事「取調べの録音・録画の実施について（依命通知）」）。

　本件の立証上、被疑者供述が重要であることは論を俟たないといえます。今後、証拠関係や供述状況等に照らし被疑者の取調べ状況をめぐって争いが生じることも十分考えられるところです。この点をとってみても、本件が取調べ全過程を録音・録画すべき事件であることに疑いの余地はありません。

　したがいまして、本件は、その取調べの「全過程」を録音・録画すべき事案です。

4　そして、本件では、いわゆる例外事由が存在するとはおよそ認められません。これは可視化の申入れがなされている事実自体から明らかというべきです。

　以上の通り、本件は、いかなる意味においても、取調べの録画・録音をする必要がある事件です。

　よって、貴職らにおかれては、○○検事の誤りを正し、即刻取調べの全過程を録音・録画するよう指導されることを求めます。

以上

【書式４】起訴後取調べ拒絶の申入書

〇〇年〇〇月〇〇日

検察官　　　　〇〇〇〇殿
司法警察職員　〇〇〇〇殿

起訴後取調べ拒絶の申入書

罪名　死体遺棄
被告人　A

弁護人　〇〇〇〇
電話　〇〇〇〇　FAX　〇〇〇〇

　当職は、上記被告人に関し、貴職らに対し、次のとおり申し入れます。

1　本日当職が接見したところ、被告人より、本日の午前中、被告人に対する取調べが行われた旨報告を受けました。被告人は、すでに上記罪名により起訴されており、再逮捕等も一切なされておりません。すなわち取調べ受忍義務（出頭滞留義務）は、いかなる立場においても認められない状況にあります。

　起訴後の「被告人」取調べについて、前記義務がないことは、平成28（2016）年４月21日の衆議院法務委員会における林眞琴法務省刑事局長の答弁でも確認されているとおりです。

　したがいまして、被告人は、今後一切の取調べを拒絶いたします。この点は、弁護人のみならず、被告人自身の意向でもありますので、十分尊重いただくことを求めます。

2　今後、被告人を再逮捕・再勾留のうえで取調べを行う場合においては、その第１回目の取調べ及び弁解録取から、その全過程を録音・録画されるよう、あらためて求めます。

以上

【書式5】（違法・不当な取調べに対する）抗議申入書

〇〇年〇〇月〇〇日

検察官　　　　〇〇〇〇殿

司法警察職員　〇〇〇〇殿

抗議申入書

罪名　死体遺棄

被告人　A

弁護人　〇〇〇〇

電話　〇〇〇〇　FAX　〇〇〇〇

　当職は、上記被疑者に関し、貴職らに対し、次のとおり申し入れます。

　〇月〇日、当職が被疑者と面会したところ、同日午後に、〇〇警察官から、いきなりポリグラフ承諾書なる書面を示され、署名するよう求められたとの報告を受けました。

　被疑者がこれを断ったところ、前記警察官は、「（拒否したことに対して）誰に言われたんや」、「お前、やってないんやったらできるはずやろ。やってんのか」などと怒声を張り上げるとともに被疑者を問い詰め、執拗に同検査を受けるよう求めたとのことです。

　ポリグラフ検査は任意捜査であり、被疑者がこれに応じた場合にのみ許される筋合いのものです。そうである以上、前記〇〇警察官の対応は違法といわざるを得ず、断じて許されるものではありません。

　当職は、本書をもって、上記取調べに抗議するとともに、今後適正な取調べがなされるよう強く求めます。

以上

第2部　可視化弁護実践シミュレーション──死体遺棄・殺人事件　105

【書式6】取調べ監督規則等に基づく苦情申出書

〇〇年〇〇月〇〇日

〇〇地方検察庁　検察官　〇〇〇〇殿

〇〇警察署長　〇〇〇〇殿

取調べに対する苦情申出書

罪名　死体遺棄

被告人　A

弁護人　〇〇〇〇

電話　〇〇〇〇　FAX　〇〇〇〇

苦情申出の趣旨

　上記被疑者に対する取調べに関し、直ちに以下各号の措置を完全かつ速やかに講じられたい。また、検察官は、警察官による違法・不当な取調べの有無を直ちに確認するとともに、違法・不当な取調べの実施が明らかとなった場合は、当該取調べ方法を即刻中止させるよう、捜査指揮権を適切かつ迅速に行使されたい。

1　取調べ適正化監督規則6条に基づく取調べ監督官による被疑者取調べ状況の確認及び監督対象行為が確認された場合の取調べ中止要求
　　取調べ状況の確認は、取調官に対する聴取、取調べの立会・監視等にとどまらず、少なくとも、後述する問題のある過去の取調べについて、取調べ状況記録媒体等の客観的証拠を用いて実際の取調べ状況を確認することにより、監督対象行為に該当する疑いのある行為があるか否かを厳密・厳格に確認されたい。

2　取調べ適正化監督規則9条1項に基づく〇〇警察本部長に対する被疑者取調べ状況の報告

3　取調べ適正化監督規則10条に基づく被疑者取調べ状況の調査

4　上記1の確認及び上記3の調査に関する被疑者及び弁護人に対する結果の報告

5　監督対象行為が確認された場合の取調官の即時交代

6　本書到達以降に行われる上記被疑者に対する取調べ全過程の録音・録画による適正な取調べの担保及び事後的な取調べ検証態勢の完備

苦情申出の理由

1　被疑者に対する○○警察署刑事課○○巡査長の取調べは、取調べ適正化監督規則3条2項ハ（殊更に不安を覚えさせ、又は困惑させるような言動をすること）及び同項ヘ（人の尊厳を著しく害するような言動をすること）に該当する監督対象行為であり、憲法及び刑事訴訟法の保障する自己負罪拒否特権、黙秘権及び弁護人選任権を侵害する違法な取調べとして、即刻中止・排除されなければならない。以下、詳述する。

2　○○年○○月○○日、○○巡査長は、被疑者逮捕直後の取調べで、自身の発問に黙秘した被疑者に対し、「黙っているということは認めるということやな」と大声で怒鳴りつけ、黙秘権を侵害した。

3　さらに、○○巡査長は、○○年○○月○○日、弁護人との接見を終えた直後の被疑者に対し、弁護人との接見内容を根掘り葉掘り問い質し、被疑者と弁護人との間の秘密交通権を侵害する違法な取調べを行った。

4　○○年○○月○○日、○○巡査長は、上司を伴って取調室に表れ、被疑者に対し、刑事訴訟法198条5項の保障する供述調書署名押印拒絶権をも否定して、「部分部分でも調書を作らなければ不利になる」、「調書を作らなければ（身体拘束されている）今の状況は変わらない」などと、被疑者を威迫し

た。

5　さらに、○○巡査長は、○○年○○月○○日、「弁護士が代わりに刑務所
に行ってくれるわけではない。弁護士を信じて損をするのはお前だ」、「弁
護士は所詮金のために動いてるだけだ、信用しすぎないほうがいい。弁護士
にとって、お前は多くの客の１人にすぎない」などと繰り返し、弁護人を誹
謗中傷するとともに、被疑者の黙秘権行使及び供述調書への署名押印拒絶
が弁護人による誤った指示であるかのように繰り返した。

　　この○○巡査長の言動は、被疑者と弁護人との間の信頼関係を破壊して、
意のままに供述調書を作成しようとする意図のもとでなされた発言である
ことは、火を見るより明らかである。すなわち、○○巡査長は、憲法及び刑
訴法の保障する実質的な弁護人選任権ないし依頼権を、故意に侵害したと
いうほかない。

6　以上列挙した○○巡査長の言動が、被疑者に「殊更に不安を覚えさせ、又
は困惑させるような言動」（取調べ適正化監督規則３条２項ハ）、さらに「人
の尊厳を著しく害するような言動」（同項ヘ）に該当する監督対象行為で
あることは、明らかである。しかも、本件取調べにおいて、取調べ状況の録
画・録音は未だ実施されておらず、弁護人の可視化申入れは、意図的に無視
されている。

7　以上指摘した事実に照らせば、○○巡査長は、黙秘権や秘密接見交通権の
侵害も厭わず、これからもなお自白獲得に汲々とする危険が高い。したがっ
て、貴職らは、これらの違法・不当な取調べを直ちに阻止するため、頭書の
とおり、取調べ適正化監督規則に則った適正かつ迅速な措置を講ずる義務
がある。

　　以上のとおり、苦情を申し出る。

以上

第3部

現段階の弁護実践

取調べ録音・録画制度の施行に向けた弁護活動の展望
——運用拡大による全件・全過程記録の実現を目指して

水谷 恭史

1 取調べ録音・録画制度の現在価値

⑴ 取調べ録音・録画制度の概要[*1]

ア 2016（平成28）年通常国会で、拘束された被疑者の取調べ「全過程」の録音・録画義務を捜査機関に課す制度——「取調べ可視化」を盛り込んだ改正刑事訴訟法が成立した。公布から3年以内に、裁判員裁判対象事件と、地検特捜部等が手掛ける検察官独自捜査事件の2類型で導入される。逮捕・勾留下であれば、対象事件の被疑事実に基づいて逮捕・勾留されているか否かを問わず、原則として対象事件の被疑事実に関する被疑者取調べ「全過程」（たとえば、死体遺棄の被疑事実で勾留中に行われる殺人被疑事実に関する取調べは全過程録音・録画義務の対象である）を録音・録画することが義務付けられる（法301条の2第4項）。

イ さらに、検察官が被疑者の自白、若しくは不利益事実を承認する供述が記載された供述調書の取調べを請求し、被告人・弁護人が供述の任意性を争う主張をした場合、検察官は、供述の任意性（法322条1項）を証明するため、当該供述調書が作成された取調べの開始から終了までの状況を録音・録画した記録媒体を証拠として取調べ請求する義務を負う（法301条の2第1項）。検察官が立証責任を負う原則に則り、被告人・弁護人は、任意性を争う具体的な理由や根拠を示す争点形成責任を負わず、任意性を争う意思のみを明示すれば足りる。

ウ 検察官が、当該供述調書が作成された取調べの開始から終了に至るまでの間の全部を録音・録画した記録媒体の取調べ請求を行わない場合、裁判所は、任意性の立証に最適な証拠を欠くものとして、検察官の被告人供述調書

取調べ請求を却下しなければならない（法301条の2第2項）。この規制は、伝聞供述に関する証人の尋問請求にも準用される（法301条の2第3項、324条）。

(2) 取調べ可視化の目的

取調べ可視化導入の目的は、まず、違法・不当な取調べを阻止し、取調べの適法性・相当性を保障するため、密室で行われる被疑者取調べの監視体制を確立することにある。併せて、公判における被疑者供述調書の取調べに関する任意性の立証方法を客観化し、強要や誘導等によってつくられた虚偽自白調書や、被告人の真意に沿わない不利益供述調書を証拠から排除して、誤った事実認定を防ぐことである[2]。

自白調書の獲得に偏重した違法・不当な捜査により、取調官の圧力に屈して虚偽の自白や虚偽の調書への署名を強要され、誤った有罪判決を宣告された冤罪被害者は枚挙に暇がない。取調べ可視化の究極の目的は、違法・不当な取調べによってでっち上げられた虚偽自白調書に基づく冤罪被害を根絶することである。

(3) 取調べ可視化法制化の意義

取調べ可視化の法制化は、虚偽自白（調書の作成）を招く違法・不当な取調べの温床であった密室取調べの弊害を除去するため、取調べ全過程を監視し、記録する必要性が、立法者によって確認されたことを意味する。また、被疑者供述の任意性を立証するための最適の証拠（ベスト・エビデンス）が、取調べ状況全過程の録音・録画記録であることを明示した[3]ともいえる。

当然ながら、違法取調べの防止と任意性立証の客観化の必要性は、裁判員裁判対象事件、検察官独自捜査事件の2類型に限られない。犯罪の類型や法定刑の軽重にかかわらず、また、被疑者が拘束されているか否かにかかわらず、すべての刑事事件に共通する。取調べ可視化の法制化は、長らく続いた我が国の刑事司法の在り方——被疑者・被告人に自白させ、反省の弁を述べさせることを至上命題とする自白偏重捜査——の根本的な変革を迫るものである。

⑷　全件・全過程への拡大を目指す弁護実践の必要性

　犯罪の軽重や類型を問わず、また、被疑者が拘束されているか否かにかかわらず、あらゆる刑事事件で、密室での違法・不当な取調べの危険、強要や誘導によって虚偽自白調書がつくられる危険を否定できない。任意の事情聴取と称する長時間取調べの末につくられた虚偽の自白調書を根拠に逮捕・勾留がなされる事例も、裁判員裁判対象事件やいわゆる特捜事件に限られない。取調べの可視化によって、自白調書の作成を強要する違法・不当な取調べを阻止し、被疑者が自由に黙秘権を行使できる状況の確立を究極とする供述の任意性保障の必要性は、あらゆる刑事事件に共通する。

　刑事弁護に携わるすべての弁護士は、取調べ可視化制度の導入決定を機に、取調べの録音・録画を弁護活動の"武器"として最大限に活用し、個々の事件で被疑者・被告人の権利と利益を守ることに尽力すべきである。このような弁護活動の積み重ねが、例外のない全件・全過程録音・録画、すなわち、取調べの可視化の実現に寄与するのである。

⑸　刑事司法に関わる法曹の責務

　取調べ可視化の導入を答申した法制審議会新時代の刑事司法制度特別部会の最終取りまとめ案における附帯事項[*4]は「刑事司法における事案の解明が不可欠であるとしても、そのための供述証拠の収集が適正な手続の下で行われるべきことは言うまでもない」「公判審理の充実化を図る観点からも、公判廷に顕出される被疑者の捜査段階での供述が、適正な取調べを通じて収集された任意性・信用性のあるものであることが明らかになるような制度とする必要がある」と指摘した。そのうえで「基本構想で確認された上記共通認識を実現する観点から、実務上の運用において、可能な限り、幅広い範囲で録音・録画がなされ、かつ、その記録媒体によって供述の任意性・信用性が明らかにされていくことを強く期待する」として、今般の法制化で対象とされた類型以外の事件にも広く取調べ可視化を導入すべきとの認識を示し、実務運用による可視化の拡大に強い期待を寄せた。さらに、改正刑訴法可決・成立時の衆参両院の附帯決議[*5]でも「検察官及び検察事務官並びに司法警察職員は、取調べ等の録音・録画に係る記録媒体が供述が任意になされたものかどうか判断するための最も重要な証拠となり得ること及び取調べ等の録音・

録画が取調べの適正な実施に資することに鑑み、刑事訴訟法第301条の２第４項の規定により被疑者の供述及びその状況を記録しておかなければならない場合以外の場合……であっても、取調べ等の録音・録画を、人的・物的負担、関係者のプライバシー等にも留意しつつ、できる限り行うように努めること」とうたわれている。

　取調べ可視化対象を拡大することへの立法者の期待は、名宛人とされた捜査機関だけでなく、被疑者・被告人の権利・利益擁護の立場から刑事弁護に携わる我々弁護士にも向けられている。今後、刑事事件に携わる裁判官、検察官及び弁護士の実務法曹三者は（そして、警察官をも当然に主体として）、①例外なき全件・全過程の取調べ録音・録画＝取調べの全面可視化、②録音・録画記録媒体による任意性立証原則「録画なければ任意性なし」の確立——を、直ちに実現すべき目標として取り組む責務を負ったものと解すべきである。

2　現行の実務運用

(1)　検察庁における被疑者取調べ録音・録画の運用実態

ア　検察庁は2011（平成23）年以降、身体拘束された被疑者に限られるものの、

①　裁判員裁判対象事件

②　特捜部等の検察官独自捜査事件

③　知的障がいによりコミュニケーション能力に問題のある被疑者に対する取調べ

について取調べ録音・録画を試行し、翌2012（平成24）年からは、

④　精神障害等による責任能力の減退や喪失の疑いがある被疑者に対する取調べ

を加えた４類型で、検察官の裁量による被疑者取調べの録音・録画を試行してきた。2014（平成26）年６月16日付の最高検次長依命通知[6]により、上記４類型は同年10月１日、試行対象から、原則として被疑者取調べ全過程の録音・録画を遺漏なく行う本格実施対象に格上げされた。さらに、同依命通知により、上記４類型以外に、取調べや事情聴取を積極的に録音・録画する試

行が始まった。試行対象は、公判請求が見込まれる事件であって、

⑤　事案の内容や証拠関係等に照らし被疑者の供述が立証上重要であり、被疑者取調べの録音・録画が必要と考えられる事件

⑥　証拠関係や供述状況等に照らし被疑者の取調べ状況をめぐって争いが生じる可能性があるなど、被疑者取調べの録音・録画が必要と考えられる事件

⑦　被害者・参考人の供述が立証の中核となることが見込まれるなどの個々の事情により、被害者・参考人の取調べ録音・録画が必要と考えられる事件

の3類型である。

イ　現行の刑事司法制度で被疑者供述が立証上重要でない事件類型はごくわずかである。本格実施対象の4類型に比して録音・録画の実施に関して検察官に一定の裁量があるともされる試行対象とはいえ、上記⑤類型には大半の刑事事件の被疑者取調べが該当する。現に、近時の実務運用では、弁護人が取調べ可視化を申し入れることにより、窃盗罪、詐欺罪等、本格実施の対象外であっても、検察官による被疑者取調べの全機会、全過程が録音・録画される実例が増えている。取調べ状況をめぐって争いが生じる可能性がある事件を対象とする⑥についても、検察官はむしろ、供述の任意性の積極的な立証手段として、公判で活用することも想定して取調べ録音・録画を実施するものと考えられる。

　また、被疑者取調べだけでなく、被害者や参考人に対する事情聴取も試行対象とされた。このことにより、とりわけ性犯罪の被害者や、犯罪被害に遭った幼児・児童の供述確保等に録音・録画が活用されているとみられる。弁護側にとっても、被害者や参考人の供述状況を記録した録画映像の開示を受けることにより、被害者や目撃者等の参考人の初期供述の信用性を検証する手段として活用できるものである。

⑵　警察における取調べ録画の運用実態

　大半の刑事事件の被疑者取調べを担う警察は、検察庁以上に取調べ可視化の導入に抵抗し、消極的であった。しかしながら、検察官取調べの録画がある程度定着し、法制審議会新時代の刑事司法制度特別部会の答申によって取

調べ可視化の法制化がほぼ確実になるにつれて、遅々とした歩みから相応に速度を上げた浸透が始まった。裁判員裁判対象事件、知的障がい等によりコミュニケーション能力に問題のある被疑者の取調べの2類型については、全過程に至らない一部録画ではあるものの、2015（平成27）年度の取調べ録画の試行率はいずれも90％を超え[7]、総録画時間も増加の一途をたどる。また、2016（平成28）年度以降、知的障害だけでなく、発達障害や精神障害等に起因してコミュニケーション能力に問題のある被疑者についても取調べ録画の試行対象となった[8]。

ただし、裁判員裁判対象事件に限っても、取調べ「全過程」の録画試行は約半数である。録画の可否が取調官の裁量に委ねられる試行から原則として実施する本格導入への格上げ、対象事件及び類型の拡大、取調官裁量による一部録画から取調べ全過程録画への進展が大きな課題である。

⑶ 実務運用の拡大を目指す弁護活動の必要性

法301条の2に基づく取調べ録音・録画の義務化は、2016（平成28）年6月の公布から3年以内に施行される。公布から施行までの間隙を埋めるためには、今般の法制化を起爆剤に、積極的な弁護活動によって取調べ録音・録画を拡大・充実させる働きかけを行い、捜査機関の裁量によるのではなく、また、将来の義務化対象であるか否かにかかわらず、被疑者取調べの全過程録音・録画──取調べ可視化を確立させることが必要である。

3 取調べ可視化の充実及び拡大を目指す被疑者弁護実践

⑴ 全件の例外なき可視化申し入れ

全件・全過程録音・録画の実現を目指す弁護実践は、捜査機関に対する文字どおり例外のない取調べ可視化の申し入れに始まる。法制化の対象事件か否か、検察庁や警察による取調べ録画の本格実施対象あるいは試行対象であるか否かを問わず、事件類型や法定刑の軽重を問わず、被疑者の属性や被疑事実に争いがあるか否かをも問わず、さらには、身体拘束の有無をも問わず、全件で取調べの可視化を速やかに申し入れることが必要不可欠である。後の公判で捜査段階の被疑者供述の任意性が問題となる可能性も全事件に共

第3部 現段階の弁護実践　**115**

通し（捜査段階で被疑事実を争わない意思を示して自白調書の作成に応じていたとしても、起訴後に公判で真相を語り、公訴事実を否認する潜在的可能性は内在する）、捜査段階の被疑者供述の任意性を立証する最適の証拠が取調べ録音・録画であることも然りである。

取調べ録音・録画の目的及び意義はすべての刑事被疑事件に共通するのであって、被疑者・被告人の権利・利益を擁護する刑事弁護の立場から、事件類型や被疑者の属性によって適用の是非を変える合理的理由はない。殺人罪か窃盗罪かによって違法取調べの限度が異なるはずもなく、供述の任意性保障の度合いが変動するわけでもないのだから、差別的取扱いは合理性を欠くものである。この観点に立てば、これからの弁護実践は、例外なき全件可視化申入れが標準となる。

(2) 取調べ可視化申入れのポイント

ア　申入れの時期

捜査機関に対する取調べ可視化の申入れはできる限り速やかに行うべきである。任意捜査の段階から弁護活動を行っているならば、任意か強制かを問わず、初回の被疑者取調べに際して行う。逮捕後若しくは勾留後に受任した場合ならば、初回接見後、速やかに関係各所に申し入れるべきである。

大事なのは、実際に取調べ状況の録音・録画が行われるまで何度でも申入れを行い、録画の実現に努めることである。最初の取調べ時、逮捕時、警察・検察の各弁解録取時、勾留質問時、勾留延長請求前の検察官取調べ時、勾留延長請求時、さらには勾留に対する準抗告と組み合わせるなど、被疑者段階の刑事手続の節目で粘り強く可視化申入れを繰り返し、すべての刑事弁護人が不断かつ地道な働きかけを続けることが、刑事弁護の新たなスタンダード、取調べ録画原則を築くための基盤である。

イ　申入れ先

事案の性質に即して、勾留請求を担当する検察官、警察の捜査担当者が所属する部署の所属長（警視庁ないし道府県警察本部の捜査担当課長、所轄警察署の署長等）、捜査主任官及び取調官等を取調べ可視化申入れの名宛人とする。不当な長時間の取調べや休憩・飲食の制限など、取調室の出入りや被疑者の処遇に関して違法な取扱いがされ、供述の任意性に影響を及ぼしてい

る疑いがある場合は、留置管理担当部署の所属長に対し、違法な処遇への抗議と改善を求める抗議書を発するとともに、取調べ可視化にも言及すべきであろう。

ウ　申入れの内容

　日本弁護士連合会取調べの可視化本部や、各弁護士会で刑事弁護・取調べ可視化を所管する委員会等が作成・公表している取調べ可視化申入書のモデル書式は、取調べ可視化申入れの趣旨を漏れなく記載しており、活用することができる（本書第2部末尾に収録した書式1及び2を参照されたい）。活用にあたっては、弁護人が具体的な事件の性質や状況を踏まえてモデル書式の記載を適宜修正し、違法・不当な取調べが行われる現実的危険性や、当該事案における取調べ状況録画の具体的必要性（被疑事実の全部ないし一部を否認しており厳しい追及が予想される、黙秘権の行使を認めず取調官が供述を強要する、共犯者供述を材料に用いる"切り違え尋問"が行われているなど）を具体的に指摘すべきである。取調べ可視化の必要性を基礎づける具体的根拠となる。ときには違法・不当な取調べに対する抗議及び中止の申入れを兼ねることがある。可視化の必要性を具体的に指摘する際は、

①　今般の法改正で録音・録画の義務対象とされた事件類型との同一性・類似性

②　法制度の趣旨を準用すべき事情（死体遺棄の被疑事実で逮捕・勾留されており、裁判員裁判対象事件である殺人や傷害致死に関する追及が予想される事案であるなど）

③　検察庁が依命通知に基づき本格実施あるいは試行対象とする事件類型との同一性ないし類似性を意識し、制度趣旨に照らして着実に取調べ録音・録画を実施すべき事案であること

を説得的に論述すべきである。また、申入れ後も取調べ録音・録画が行われない場合、その間に作成された供述調書は、将来の公判で証拠取調べに同意せず、任意性を争って取調べ録音・録画の不存在を厳しく追及する旨予告することも重要である。

エ　苦情申出制度等の取調べに対する抗議との併用

　現に行われている取調べ実態に即して具体的必要性を指摘した取調べ可視化申入書は、違法取調べの抑止的効果が期待できる。さらに、将来の公判で

違法取調べの実態を立証する必要が生じた場合、被疑者ノート等とともに証拠として用いることのできる"足跡"となる。再三の申入れにもかかわらず取調べ可視化が実施されない場合は、最初の申入れで名宛人とした者の監督者にあたる地検検事正、警視庁・警察本部の監察官、警視総監あるいは警察本部長等に対し、再度の申入れであることを明記して申入書を送付すべきだろう（本書第2部末尾の書式例を参照されたい）。

　既に違法・不当な取調べが為されている場合は、被疑者取調べ適正化のための監督に関する国家公安委員会規則に基づき、警視庁、道府県警察本部又は方面本部、所轄警察署に設けられる取調べ監督官や監察官に対し、同規則に基づく苦情申出と併せて違法取調べの即刻中止と取調官交代を求め、適正な取調べを担保する手段として可視化申入れを行うべきである。将来の公判で任意性判断に関する録音・録画記録媒体の取捨選択に争いが生じる可能性を念頭に置き、接見等で違法・不当な取調べの情報に接する都度、間髪を入れず抗議申入書、取調べ監督規則等に基づく苦情申出を書面によって行うことが必要である。抗議の"足跡"を残しておくことにより、問題のある取調べを客観的に特定することができるからである。詳細な接見メモを作成し、被疑者にも、違法・不当な取調べを受けた都度、できるかぎり詳細に被疑者ノートに書き留めるよう助言することも必須となろう。

　これらの資料に基づき、具体的にいつ、誰の取調べによって、いかなる違法・不当な言動が為されたか、これにより被疑者供述の任意性にどのような影響が及んだかを把握すべきである。公判前整理手続でこれらを指摘し、検察官が立証すべき任意性に関する争点を明確にすることが弁護人に求められる。

(3)　取調べ録画に備えた被疑者への助言

ア　黙秘原則の再確認[*9]

　被疑者が身体を拘束された初期段階から取調べで録音・録画が実施されている場合、これまで以上に黙秘権が行使し易くなっている。あからさまな供述強要や不当な長時間の追及等の違法取調べの実態が録画記録によって明らかとなるため、取調官は、これらの違法な取調べが行いにくくなる。これにより、被疑者は供述するか否かを自らの意思で任意に選択する自由を確保し

やすくなる。もっとも、留置場と取調室を行き来する際の恫喝・威嚇や利益誘導、検察庁連行時の威嚇等、録画が及ばない場面での自白強要の実例が報告されており、取調べ録画ですべての違法取調べが阻止できるわけではない（また、必ずしも全てが検証できるわけではない）点に注意が必要である。

　被疑者が拘束された当初、弁護人が把握し得る情報はごく僅かであり、人的、組織的、経済的に優位な捜査機関との情報格差は著しい。捜査機関がどのような証拠を確保しているかを把握するのも極めて困難である。被疑者からの聴取や独自調査等によって事案を把握し、適切なケースセオリーに向けての見通しを立てるまでの間、被疑者の積極的な供述による捜査機関への情報提供には慎重となるべきであろう。安易に供述を勧めると、取調官から客観的証拠との些細な不整合をあげつらわれたり、捜査官が被疑者のアリバイを証言し得る証人や証拠と接触して証拠価値を減殺させようと試みたりするなどの危険が予想されるからである。また、被疑者が黙秘権を行使することにより取調べが短時間となり、被疑者の負担を軽減する効果も期待される。黙秘権行使の意思を明示し、沈黙を続けているにもかかわらず、被疑者を取調室に長時間滞留させ、取調官が相対し続けること自体、供述の強要として黙秘権の侵害行為に当たり得る。捜査側にとっての取調べ録画の意義は、適法・適切な取調べで被疑者が任意に供述したことの積極立証にあるといわれている。そうとすれば、供述が得られない取調べを延々と録画する必要はない。

　なお、黙秘権行使の実効性が向上する意義は、否認事件だけでなく、被疑事実を争わない事件にも同様に妥当する。犯行動機や行為態様等、量刑を左右する重要な犯情が被疑者供述によって立証される事案も多く、事情をよく吟味せず安易に供述すると、不当な不利益を被るおそれが否定できないからである。被疑者と弁護人が十分にコミュニケーションを重ね、弁護人が事件及び取調べの具体的な状況に応じて適切に助言できるほど情報を集約・整理するまでは、捜査機関に対する供述を控え、調書作成にも応ずるべきではない。

イ　取調べ録画を拒否させないための意義の説明

　被疑者には、取調べ録画の積極的な意義をわかりやすく説き、取調官の誘導に乗って録画拒否をしないよう念押しが必要である。録画による監視を嫌

う取調官が被疑者を巧みに誘導し、被疑者本人の拒否を理由に取調べ録画を実施しないこともあり得るからである（改正刑訴法301条の2第4項2号にも、例外的な録画不実施の事由として、被疑者の録画拒否言動等により録画下で十分な供述をすることができないと認められるときが挙げられているが、被疑者の拒否のみを理由に録画しないことを許す規定ではない。ただし、取調官が上位共犯者に対する恐怖やプライバシー暴露の危険等を強調して被疑者に録画を拒否させようとする不当な働きかけを行う危険に留意することが必要である）。被疑者には、取調べ録画が被疑者の防御権を保障し、圧倒的な情報格差のある捜査機関と対峙する際の有効な"武器"となること、録画によって強圧的な取調べや偽計的な誘導が行えなくなり、不当な取調べの減少が期待されることを説明し、取調べ録画の意義を十分にアピールして、録画を拒否しないよう念を押しておくことが必要だろう。全過程の取調べ録画を希望する旨を明示した被疑者名空欄の書式を用意しておき、被疑者の納得に基づいて自署押印を得、可視化申入書に添付する、あるいは、これ自体で申し入れるなど、取調官の不当な"説得"による録画拒否を本人のダイレクトな意思表示で回避させることも検討してよい。

ウ　録画取調べ時の留意点

　取調べ録画は、被疑者の口頭による供述内容を記録するだけではない。被疑者の供述時の表情、仕草や取調べに臨む態度等も記録される。取調べ時の被疑者の態度が、事実認定者が心証を形成するうえで被疑者の不利益に働く危険がある。たとえば、余りに非常識で真摯でない供述態度なら、後の公判で再生されたとき、それが良い結果を招くとは考え難い。

　被疑者に対し、公判再生の可能性を指摘し、録画下の取調べでは真摯な姿勢を採るよう助言することが必要である。また、黙秘を例外的に解除して積極的に供述する場合であっても、取調官の質疑に迎合せず、弁護人との事前打合せ及び模擬取調べによるシミュレーションをしたうえで、曖昧な部分を排した明確な記憶のみに基づき、被疑者の言い分の骨格だけを語ることに徹すべきである。

　具体的には、弁護人が接見で、客観的状況と整合しているか、再現性が高い供述であるかなどの観点から被疑者の言い分を検証し、供述の確からしさと、捜査段階で敢えて取調官に情報提供すべき意義が真にあるかを入念に確

認する。そのうえで、記憶違いが入り込みやすい細部の説明は避け、被疑者の言い分の骨格のみを示すのが原則である。

　なお、被疑者の言い分を裏付ける十分な客観証拠があり、不起訴処分が望める場合や、示談の進行と併せて起訴猶予処分を目標とする場合など、積極的に詳細な供述を行うことが被疑者の利益に資する場合もあり得る。この場合であっても、事前に模擬取調べやシミュレーションにより、適切に供述できるか確かめておく必要は変わらない。

エ　違法・不当取調べの対抗手段としての活用

　録画を実施していない取調べで恫喝や露骨な利益誘導に影響され、不本意な供述調書を作成されてしまった場合は、直後の（あるいは防衛側の姿勢が整い次第）録画下の取調べで、被疑者が自ら発言を求め、取調べの違法性と調書の撤回を訴えて、被疑者の記憶に忠実な言い分を記録させる活用法も考えられる。検察、警察とも、取調べ録画の開始後は取調べ終了時まで録画を継続する運用であり、取調官の裁量による録画中断は禁じられている。被疑者の異議は録画映像として記録され、捜査段階で不本意な調書を撤回する意思を示していたことを証拠化できる。弁護人の取調べ苦情申出書や可視化申入書、被疑者ノート等と併せて、将来の公判で不本意な供述調書の証拠採用を阻止するための"武器"として活用できるだろう。

⑷　被疑者初期供述の証拠化

　取調べに対する黙秘を助言すると、多くの被疑者は、自らの言い分が証拠として残らないことをおそれる。とりわけ無実を訴える被疑者に顕著であり、「供述調書の作成に応じなければ言い分が残らない。起訴後に法廷で主張しても裁判官は信用しない」などの取調官の脅しに不安を抱く者も少なくない。被疑者の不安を解消し、その言い分を客観的に記録するためには、取調官の供述調書に依存せず、弁護人による積極的な証拠化が必要である。

　とりわけ、たとえば、正当防衛に該当する事情など犯罪の成立を阻却する理由があるような場合は、被疑者の言い分を早い段階で記録化しておくことが重要である。

　供述記録化の効果的な方法として、勾留理由開示公判における被疑者意見陳述の機会を利用し、被疑者の言い分を公判廷で陳述させることが挙げられ

る。被疑者意見陳述の方法は、被疑者自身の自由な陳述、弁護人との一問一答、あらかじめ被疑者の意見を書面化し、公判廷で被疑者が朗読したうえで自署押印して裁判官に提出する方法などがある。取調べの圧迫がなく自由に陳述できる環境で、被疑者の述べた言葉がそのまま裁判所作成の調書として記録され、法322条2項により証拠能力を付与される調書として証拠化できる。

　このほか、被疑者ノートと弁護人供述録取書の作成、接見時の被疑者の言動の録音・録画等を組み合わせることで、被疑者の初期供述を証拠化し、事案によっては不起訴処分の根拠として活用できる。なお、警察署の留置施設や拘置所では最近、弁護人が接見室内で行う録音や撮影を監視し、記録の中止と消去を強く要求する不当な接見妨害が頻発している。憲法及び刑事訴訟法の保障する秘密交通権を侵害する違法行為であることは明らかだが、接見現場での混乱は避けられないため、相応の注意が必要である。

(5)　被害者・参考人聴取の可視化申入れ

　被疑者取調べの可視化と並んで、被害者や目撃者等の参考人に対する事情聴取の可視化申入れも重要である。被疑者段階では、被疑者・弁護人が捜査機関の把握する証拠の中身を知ることが不可能であり、推測に基づく申入れとならざるを得ないが、検察官は、性犯罪の被害者や、犯罪被害に遭った幼児や児童などの供述を、検察官の判断で録画している模様である[10]。供述者が未成年の場合、事情聴取時の被暗示性や聴取者に対する迎合など、供述変遷の危険性が指摘されている。いわゆる「司法面接」の手法についても近時、実務的な検討が進んでいる。

　後の公判で参考人供述の信用性を争う可能性を想定し、被害者、共犯者、目撃者の供述が犯罪立証の中核となりそうな事案の場合、とりわけ性犯罪や未成年者が被害に遭った事案の場合は、捜査の初期段階で、被害者や目撃者に対する事情聴取状況の録音・録画を積極的に求めるべきである。検察官が公判における参考人供述調書の取調べを請求した場合、初期供述からの変遷の有無や程度、暗示や迎合による供述変遷の可能性を検証するため、録音・録画記録と比較することが重要となる。

4 取調べ可視化の運用拡大と定着を目指す公判弁護活動

(1) 任意性立証の最適証拠は録音・録画記録媒体である

　法301条の2を含む刑事訴訟法改正案を可決した際の衆参両院の附帯決議により、捜査段階の被疑者・被告人供述調書の任意性を立証する最適の証拠（ベスト・エビデンス）は、取調べの開始から終了までを録音・録画した記録媒体であることが明言された（取調べの適正な実施に資することも改めて明確にされている）[*11]。取調べ可視化の導入を答申した法制審議会新時代の刑事司法制度特別部会、衆参両院とも、記録媒体が任意性立証の最適証拠であることを根拠に、法で明示された対象事件にとどまらない取調べ録音・録画の運用拡大を求めている。録音・録画記録媒体による任意性立証の原則がすべての刑事事件に共通するルールであることが、立法者の意思として明示されたといえよう。

　再三指摘するとおり、裁判員裁判の対象事件か否か、あるいは特捜部が独自捜査を行う事件か否かによって、違法・不当な取調べの判断基準が変動するわけではなく、供述の任意性を保障すべき度合いが異なるわけでもない。事件類型により、被疑者段階の供述の任意性について、立証すべき水準が変わるわけでもない。すべての刑事事件に共通して、取調べにおける被疑者供述の任意性を保障するため、違法・不当な取調べを抑止する必要があり、捜査段階供述の任意性を立証する最適証拠として、取調べ状況（その全過程）録画の記録媒体を確保することが必要である。

(2) 記録媒体のない乙号証取調べ請求の排除

ア　可視化時代の公判弁護では、起訴された被告人の録音・録画記録媒体及び取調べ状況報告書一切の開示を受けることが必須の前提である。そのうえで、公判における供述調書の任意性立証は、既に裁判員裁判で導入されているように、最適証拠である録音・録画記録媒体によるべきである。検察官が被告人供述調書を罪体に関する乙号証として取調べ請求し、その調書中の供述の任意性に疑いがある場合は躊躇なく、当該供述調書が作成された取調べの開始から終了までの状況の記録媒体の取調べ請求を求めるべきであろう。ここにいう「取調べの開始から終了まで」は、法301条の2第1項の趣旨と同

第3部　現段階の弁護実践　**123**

一である。当該被疑事実に基づく勾留下であったか否かを問わず、当該供述調書によって検察官が立証しようとする事項（たとえば殺人罪における殺意など）に関するすべての取調べ機会の録音・録画記録媒体を取調べ請求の対象とすべきである。

　仮に検察官が十分な量及び質の録音・録画記録媒体の取調べを請求しない、あるいは記録が存在しないため取調べを請求できないというのであれば、立証官である検察官が任意性立証を目的とする最適証拠の確保及び取調べ請求を怠ったものとして、法322条1項の定める任意性の要件を認定することは許されず、乙号証の取調べ請求は却下されるべきである。

イ　裁判所からこのような判断を導き出すため、さらにどのような弁護活動を行うべきか。弁護人が捜査弁護の段階から、供述の任意性保障と違法取調べの抑止を目的として可視化申入れを行ってきたこと、にもかかわらず捜査機関が十分な記録を行わなかったことを指摘しなければならない。さらに、刑事訴訟規則198条の4に基づき、検察官が客観的資料による取調べ状況の立証努力義務を負うことを論じ、最適証拠である記録媒体の欠落は、検察官が法322条1項の定める任意性の立証責任を果たさなかったものとして、当該取調べで作成された供述調書の証拠能力が否定されることを論じるべきである。

ウ　このように、裁判所から「取調べの録画がなければ任意性なし」との判断を引き出すことができれば、立証責任を負う検察官は、全件・全過程の録音・録画記録媒体を確保するか、乙号証の取調べ請求を断念するかの二択を迫られる。可視化法制度の施行以前に、法301条の2第1項・2項の定めた任意性の立証制限のもとでの最適証拠＝録音・録画記録媒体が、対象事件の類型を問わない全件・全過程について実現する道筋が開ける。

5　公判における任意性立証と録音・録画記録媒体の取調べ方法

(1)　供述の任意性に関する証拠取調べ手続の選択

ア　検察官が、捜査段階の被告人供述の任意性に関する補助証拠として録音・録画記録媒体を証拠請求した場合、被告人及び弁護人が任意性を争う場合の証拠取調べは、具体的にどの段階のどのような手続によって行うべき

か。特に検討を要するのは裁判員裁判対象事件である。

イ　被告人供述の任意性は、公訴事実記載の犯罪の成否に直接関わる事実ではなく、証拠能力の有無に関する訴訟法的事実である。裁判員裁判対象事件は、裁判員が関与する裁判を事実の認定、法令の適用及び刑の量定に限定し（裁判員法6条1項1～3号）、法令解釈及び訴訟手続に関する判断を裁判官の専権事項と区分けしている（同法6条2項1～3号）。この区分けに従えば、被告人供述の任意性は裁判官のみで判断すべき事項とも考え得る。証拠能力の有無の判断を前提とする証拠の採否決定が公判前整理手続で行われ（刑事訴訟法316条の5第7号）、証拠決定に際して事実取調べを行い得ること（同法43条3項）も踏まえると、裁判員裁判対象事件では、裁判官のみが公判前整理手続で供述の任意性に関する事実取調べを行い、任意性の存否、さらに証拠取調べの決定あるいは却下を行うことが可能とも考えられる。

ウ　立証対象を供述の任意性に絞るとはいえ、公判前整理手続で裁判官のみが公判に先行して供述証拠の内容に触れると、裁判員と裁判官との間に、証拠の内容に関する情報格差が生じる。その結果、裁判員は、公判における被告人供述の真贋を主体的、能動的に判断するのではなく、既に事実上の心証を形成している裁判官の判断を追認するだけの形式的な審理となってしまう危険をはらむ。

エ　実際の裁判員裁判では、公判前整理手続で捜査段階の被告人供述の任意性が争点とされると、公判で録音・録画記録媒体の再生、取調官の尋問、被告人質問といった任意性の有無に関する証拠取調べを行うことが通例といえる。供述の任意性と、裁判員の判断事項に含まれる供述の信用性が多くの場合に連動し、判断基底となる事実関係も重複するため、任意性と信用性を分けて判断することが困難だからと解される。

　供述の任意性に関する判断が裁判官専権事項に属する訴訟法的事実であるとしても、裁判員の関与しない判断に関する審理についても裁判員の立会は許される（裁判員法60条）。刑事裁判の基軸であり、裁判員裁判の導入でより明確となった公判中心主義に則り、裁判官と裁判員の情報格差を解消して実質的平等を図る観点からも、任意性に関する証拠の取調べと判断は、裁判官と裁判員がともに審理する公判で行うのが原則である。

オ　事件及び被告人の個別具体的な事情に照らして、録音・録画記録媒体を

公判で再生する効果と弊害を予測し、具体的弊害の危険が高い場合は、例外的に公判前整理手続で任意性に関する事実取調べを行う弁護戦略があり得る。たとえば、被告人は殺意を明確に否認しているが、捜査段階の取調べでは被害者への怒りや憎しみを露わにした場面が記録されていた場合を想定してみよう。裁判所、検察官及び弁護人が、殺意を認定するための実質証拠としては取り扱わないと事前に確認して公判に臨んだとしても、取調べ状況の録画記録が公判廷で再生され、被告人の不穏当な言動が何の注釈もなく明らかにされると、殺害の動機を推認させる不利な間接事実として、裁判官・裁判員の心証に影響を及ぼす危険がある。録音・録画記録媒体をあくまで補助証拠として取り扱い、罪体に関する事実認定には用いないことを確認したうえで、公判前整理手続において記録媒体を取り調べ、裁判官のみに任意性判断を委ねることも、場合によっては検討すべきである。

⑵　公判における供述の任意性に関する証拠取調べの方法

ア　公判で被告人供述調書の任意性を争う場合、従来は、問題とされる供述調書の作成過程について被告人質問と取調官の証人尋問を行い、いずれの供述がより信用できるかという観点から判断される場合が多かった。取調べ状況に関する客観的な裏付けを欠く密室取調べの弊害として、取調官の脅迫や誘導の有無について「言った」「言わない」の不毛な水掛け論に陥ることは避けられなかった。

イ　裁判員裁判の導入と、捜査機関の運用による取調べ録音・録画の一部施行により、当該供述調書を作成した取調べの経緯は、記録媒体によって確認することが実現しつつある。取調べ録音・録画制度の法制化と、これを受けた捜査機関の運用拡大により、任意性の認定に関して記録媒体を取り調べる運用は、一層の定着が図られるだろう。

ウ　被告人供述の任意性に争いがある事件の公判では、まず記録媒体が「全過程」に亘って存在することを踏まえつつ、そのなかから必要な場面を選んで再生して取調べ状況を視聴し、客観的な視点から、供述の任意性に疑義を生じさせる事情の有無、当該事情と自白あるいは不利益事実の承認供述の因果関係に関する事実認定を行うことが原則となろう。供述の任意性を立証趣旨とする取調官の尋問、被告人質問は、記録媒体の視聴後、必要に応じて補

足的に行うものと考えられる（場合によっては、記録再生と尋問・質問を同時進行で組み合わせることもありえようか）。そのうえで、検察官、弁護人は、公判で取り調べた記録媒体、被疑者ノート、さらには取調官の証言や被告人の供述内容等の証拠に基づき、供述調書の証拠採否に特化した意見（証拠弁論）を述べ、裁判所が双方の意見を聴いた上で供述調書の証拠採否を決することとなる。

⑶ 証拠とすべき記録媒体の選択

ア　刑事裁判における立証責任の原則に照らし、検察官は、供述の任意性について立証責任を負う。再逮捕が繰り返され長ければ数十日、数百時間にも及ぶ録音・録画記録媒体が生じることがあり得る。そのうち、公判でどの記録媒体をどの程度再生すべきかは、検察官が一次的に選択することとなる。検察官が任意性の存在を立証目標とし、被告人・弁護人が争う場合、検察官の選択した録音・録画記録媒体を再生するだけでは、任意性に障害を及ぼした違法・不当な取調べの全貌が明らかとならないことが予想される。弁護人は、検察官が請求した録音・録画記録媒体の視聴だけでは任意性に関する判断を誤るおそれがあり、それだけでは法的関連性がないとしてその却下を求めることがあるが、それがかなわないときは、任意性に影響を及ぼした疑いのある違法・不当な取調べが記録された全記録媒体全体の取調べを求めるべきである。

イ　検察官が請求し、裁判所が証拠として採用した記録媒体とは別に、弁護人が記録媒体の追加取調べを求める場合、裁判所は、公判における長時間の録音・録画記録媒体の再生が裁判員の負担になるなどとして、再生すべき映像の総量を絞り込もうとすることが懸念される。検察官が任意性を立証する目的で抽出した、いわば“いいとこ取り”のみの再生では任意性の判断を誤る類型的危険があり、上述したとおり、立証命題である供述の任意性との法律的関連性がないといわざるを得ない場合がある。このときは録音・録画記録媒体自体の却下を求めることになるが、それがかなわないというのであれば、裁判員の負担軽減を盾に過度の証拠絞り込みを行おうとする裁判所の訴訟指揮に怯まず、任意性の判断に必要にして十分な録音・録画記録媒体の取調べを求めるべきである。

第3部　現段階の弁護実践　127

ウ　検察官が公判で再生を求める録音・録画記録媒体の範囲が妥当か否か
は、まず、被疑者ノートや接見メモで任意性に影響を及ぼした疑いのある取
調べをできるかぎり特定したうえで、その取調べを録音・録画した記録媒体
が存在するかという観点から検証すべきである。そのような取調べによる供
述状況の記録媒体のすべて、あるいは任意性に障害を生じさせた疑いのある
取調官の違法・不当な言動の一切を視聴し得る記録媒体のすべてを法廷で取
り調べるよう求める。そうでなければ、任意性に関する判断を誤らせるおそ
れがあるから、検察官請求の取調べの一部だけの記録媒体を証拠として採用
することには法的関連性の観点から異議があるとの意見を述べることとな
る。

エ　弁護人が上記意見を述べてもなお、裁判所が検察官の指定する録音・録
画記録媒体の範囲で十分と判断した場合、弁護人は、法的関連性のない証拠
をあえて採用したことに対する異議（法309条1項）を申し立てる。仮にこ
の異議が棄却された場合、弁護人は、問題のある取調べ状況を把握し得る録
音・録画記録媒体の全部を証拠取調べ請求することになろう。検察官請求の
録音・録画記録媒体を公判で再生するだけでは、虚偽供述の原因となった違
法・不当な取調べの実態が明らかにならない。のみならず、一見すると穏当
な取調べ状況だけが示され、裁判官・裁判員の任意性に関する判断を誤らせ
るより重大な危険がある。

　弁護人は、裁判所に対し、上記の問題を指摘して、弁護人の請求する録
音・録画記録媒体の取調べを採用させる必要がある。

　以上のような意見を適切に述べるためには、捜査弁護活動の段階から、違
法・不当な取調べを特定するための記録化を意識して抗議書や苦情申出等の
"足跡"を残すこと、被疑者ノートや接見メモを活用すべきことは、先に述べ
たとおりである。

(4)　録音・録画記録媒体を用いた任意性の判断方法

ア　録音・録画制度の導入によって、暴行や暴言、自白強要等の黙秘権侵害、
露骨な利益誘導など、誰の目にも違法性が明らかな取調べによる虚偽自白調
書の作成は激減する（これこそ可視化導入の第一の目的である）。一見する
と、取調官の穏やかな説得に被疑者が落ち着いて応じ、供述調書にも任意に

署名指印したかのような外観を呈する場合も増えるだろう。違法捜査抑制の見地から、主に取調官の違法・不当な言動に着目する違法排除説に立てば、可視化の導入により、違法に収集した証拠として排除すべき自白ないし不利益供述は相当程度、減少することが見込まれる。

　しかし、油断してはならない。捜査機関は今後、録音・録画制度の施行による可視化の本格化に備えて、時に恫喝や威嚇まで用いて強く反省と謝罪を迫った従前の取調べ手法を改め、より洗練された取調べ技術を駆使することとなろう。被疑者の言い分の食い違いをあげつらい、記憶の曖昧さや即座に反証できないことを理由に被疑者の言い分を排除して捜査機関の見立てを承認させたり、共犯者の言い分や捜査機関の見立てを暗示して誘導したりするなど、巧妙な取調べも増えると予想される。このような場合、供述者の心理に着目し、恐怖や不安、絶望や過度の期待など、取調べによって任意性を損なうおそれのある事情が生じていれば、類型的に虚偽供述のおそれがあるとする虚偽排除説ないし任意性説の視点をより重視すべきこととなる。

　録音・録画記録媒体の入念な視聴、録音反訳文の作成と分析、専門的知見を有する学識者の助力を得るなどして、取調官の巧妙な誘導や利益供与の示唆等を見抜き、被疑者の心理に影響を与えて虚偽自白の動機形成につながったことを指摘して、任意性に合理的な疑いがあることを明らかにすべきである。

イ　肉体的・心理的圧迫を受けて取調官に屈服させられた場合や、取調官のストーリーを受け容れたら身体拘束から解放されると期待させるなどの露骨な利益誘導で、被疑者の合理的判断を狂わせた場合にのみ、供述の任意性が損なわれるわけではない。多くの冤罪被害者は、虚偽自白に至った理由として、どれだけ説明しても些細な食い違いや記憶違いを指摘されて全く信用されないことに絶望し、取調官に迎合すれば厳しい追及から逃れられると考えて抵抗を諦め、虚偽自白調書の作成に応じた経緯を述べる。

ウ　いわゆる理詰めの取調べで作成された虚偽自白調書の任意性に疑いがあることを指摘するためには、録音・録画記録媒体に残る取調官と被疑者のやり取りの反訳を基に、取調官の発問と被疑者の回答を分析することが必要である。たとえば、取調官が被疑者の知らない事実を問い質し、被疑者が抵抗できずに迎合を余儀なくされた結果、あたかも被疑者が自発的に"秘密の暴

露"に当たる事実を語ったかのような内容の供述調書に仕上げられた過程を明らかにしなければならない。供述心理学等を専門とする学識者の協力を得た供述分析が重要であり、正式に鑑定を依頼して、虚偽自白に至る心理の分析を行うことも考慮すべきである。

エ　現在、捜査機関が導入している取調べ録画は、取調べ時の被疑者の表情と、取調官の背後から撮影した取調室の全景を捉えたものであり、取調官の表情は分からない。視聴する事実認定者は、被疑者の表情のみを捉えた映像を視聴すると、自ら被疑者と相対しているような感覚にとらわれ、被疑者が自発的に語っているとの印象を抱きがちであるとの研究結果も報告されている[12]。取調べ録画を既に導入している他国では、撮影する方向によって映像から受ける印象が偏る「カメラ・パースペクティブ・バイアス」の解決策として、向かい合う被疑者と取調官を真横から撮影する方法を導入した例もある[13]。

　取調べ録画の分析では、被疑者の言動だけでなく取調官の言動を詳細に把握し、同様に分析の対象とすることが必要である。

オ　任意性に疑いがあることを指摘するための供述分析のポイントとして、以下の項目が挙げられる[14]。

①　取調べ状況報告書に記載された取調べの開始・終了時刻、休憩の有無、延べ取調べ時間等を把握し、被疑者ノートや弁護人接見時の聴取内容と照らし合わせることによって、任意性を損ねた取調べを特定する。長時間の取調べが続いていることは、疲弊による勘違いや誤認、取調官の長時間の追及に耐えかねて虚偽自白に至った過程等を推認させる根拠となる。

②　質問の中に質問者の得たい答えが既に含まれ、回答者が「はい」「いいえ」のいずれかを答えざるを得ないように仕向けるクローズド・クエスチョン等の誘導的な取調べの有無及び頻度と、被疑者の対応に注目する。とりわけ、いわゆる「秘密の暴露」にあたるとされる事実に関する供述が調書に記載されている場合は、調書作成時の取調べ状況だけではなく、同一事項について行われた他の取調べ機会の録音・録画記録媒体と録音反訳を分析すべきである。そのうえで、被疑者が、取調官から与えられて知った情報を反復したに過ぎないことを窺わせる取調官の巧妙な

誘導の発見に努めるべきである。

③　取調官と被疑者の発話量の格差に注目する。取調官の発する質問の数、話した言葉の数や話す時間を計測して被疑者の発話量・発話時間と比較し、大きな格差がある場合は、取調べで現れる新たな情報の大半が、実際には取調官によってもたらされたことを窺わせる事情にあたると指摘することができる。

④　取調べ状況の録音反訳と供述調書を比較し、被疑者が取調べ中に発した有利な事情に関する発言が正確に記録されているか、取調官が故意に無視し、あるいは聞き逃しているような事情があるか否かを検証すべきである。

⑤　取調官が被疑者に対し、以前の取調べ機会における被疑者の発言を引用して、「○日の取調べでは……と言っていたね、……に間違いないね」と念押しし、いわゆる供述を"固める"場面が記録されている場合も多い。取調官は、罪体の立証にとって重要な事実と捉えているからこそ念を押すのであって、そのやり取りには特に注意が必要である。従前の供述内容の確認は明らかな誘導であるから、取調官による従前供述の引用が、被疑者の真の供述内容や意思に沿わない誤った要約であれば誤導である。強い誘導により、被疑者は訂正の申し入れを事実上封じられる危険が一層強まるから、取調官による被疑者供述の要約が正しいのか否か、被疑者の訂正申し入れを封じることになっていないか、被疑者・被告人からの聴取も踏まえた精緻な分析が必要である。

6　起訴後勾留中の取調べ廃絶

(1)　事件単位原則の不適用

　法301条の2第4項は、身体拘束された被疑者に対する対象事件の取調べについて全過程を録音・録画する義務を定めた。別罪による被疑者勾留中であっても、対象事件について取調べを行う場合は録音・録画義務の対象である。死体遺棄の被疑事実による勾留中に行われる殺人あるいは傷害致死の被疑事実に関する取調べや、強盗致傷、強姦致傷等の事案に先行する住居侵入被疑事実による勾留中の取調べ等、捜査実務上、頻繁に行われる別件逮捕・

勾留中の取調べも対象とするものである。法301条の2第4項は、違法・不当な取調べ抑止の必要性と、任意性を立証する最適証拠を確保する制度趣旨を全うするため、録音・録画義務に関して事件単位の原則を適用せず、取調べの実態に照らして実質的に録音・録画義務の存否を判断する規制として機能することとなったのである。この理は現段階でも同様と理解すべきところだろう。

(2) 起訴後勾留中の取調べを録音・録画義務の対象外とする不当な政府見解

別件逮捕・勾留中に行われる対象事件に関する取調べも統制する取調べ可視化の制度趣旨を敷衍すれば、別罪による起訴勾留中に行われる別件被疑事実に関する取調べについても、同様に録音・録画義務の対象とすべきである。ところが、法301条の2第4項の解釈に関する政府見解は、勾留被疑事実が何であれ、被疑者として勾留されている間に行われる対象事件に関する取調べは録音・録画義務の対象である一方、別罪の起訴勾留中、再逮捕・勾留をすることなく行われる対象事件の取調べは録音・録画義務の対象外とする[15]。同項の定める録音・録画義務の対象は、逮捕・勾留されている被疑者が対象事件について法198条1項の取調べを受ける場合に限られ、起訴勾留中の被告人は、対象事件について同項但書に基づく取調べ受忍義務、取調室滞留義務を負わない点で、不拘束の任意取調べと同義というのである。

被疑者勾留であれ起訴勾留であれ、被疑者・被告人が行動の自由及び通信・面会の自由を著しく制約され、弁護人や関係者の支援を制限されることには変わりがなく、政府見解は不当である。被疑者勾留に比して期間制限の緩い起訴勾留による身体拘束を利用して、別件に関する被疑者取調べを事実上無制限で行う潜脱的な捜査を助長しかねない。脱法的な取調べの違法性・不当性を監視する録音・録画制度を骨抜きにするものとして、厳しく非難されなければならない。

(3) 弁護実践による改善の必要性

ア 起訴勾留中の被疑者取調べの録音・録画義務を否定する政府見解に対抗するため、起訴勾留中の取調べが任意捜査であるとの政府見解を利用し、捜査機関側の見解によっても受忍義務の認められない取調べを拒否し、取調室

への出頭自体も拒絶することとなろう。被告人に対しても、起訴勾留中は取調べに応じる義務がないことを十分に説明し、取調室への出頭を拒否するよう助言しておくべきである。

イ　それでもなお、取調官が何らかの口実をもうけて被告人を誘い出し、取調べを行おうとする事態はあり得る。違法・不当な取調べによる虚偽自白と冤罪の根絶を目的とする取調べ可視化の制度趣旨に照らせば、被疑者勾留中であるか起訴勾留中であるかを問わず、現に身体を拘束されている者に対する被疑者取調べは録音・録画を行わなければならない。取調べ可視化申入れでは、被疑者勾留中か起訴勾留中かを問わないことを明記してすべて録音・録画するようあらかじめ申し入れておいたうえで、改めて起訴勾留中の取調べは原則として許されないことを指摘し、刑訴法の定める被疑者勾留期間の制限の趣旨を没却しかねないとして強くけん制することとなろう。これらの取組みにより、録音・録画を義務化する法の施行前から、身体拘束下の被疑者取調べはすべて録音・録画する実務運用を確立させるべきである。

ウ　起訴勾留中の取調べで作成された供述調書であっても、その任意性を立証する最適の証拠が録音・録画記録媒体であることに変わりはない。当該調書が罪体に関する供述証拠として取調べ請求されれば、当該調書が作成された取調べの開始から終了までの間の録音・録画記録媒体の証拠開示と取調べ請求を求め、録音・録画記録媒体による任意性の立証がない限り、法322条１項の任意性要件を充たしえないとして、証拠調べ請求却下を求めることとなろう。こうした弁護実践の積み重ねにより、結局は起訴勾留中の取調べであっても被疑者取調べの状況を録画する運用が導入されることとなるものと思われる。

7　録音・録画記録媒体の実質証拠化への懸念

⑴　被疑者供述調書の証拠価値の低下

裁判員裁判の導入を機に、自白獲得に偏重した捜査を助長した過度の調書裁判に対する反省から、刑事裁判において公判中心主義、直接主義の復活の兆しがみられる。被告人・弁護人が被告人供述調書の証拠採用に同意している場合であっても、公判では被告人質問を先行し、調書の証拠採用に消極的

第３部　現段階の弁護実践　**133**

な裁判員裁判の運用は、非対象事件にも拡大している。刑事裁判における被告人供述調書の証拠価値が相対的に低下しており、今後、取調べ請求そのものが減少する可能性がある。法301条の2第1項は、任意性に疑いのある被告人供述調書が取調べ請求された場合の立証制限規定であるが、これをも見据え、検察官が今後、長時間の録音・録画記録媒体の取調べ請求という"重い"手続を敬遠して、調書の取調べ請求を見合わせることが増えるとも予想される。

(2) 取調べ録画記録の実質証拠化を志向する検察庁

変わって浮上するのは、検察官が、録音・録画記録媒体に表れる被疑者の供述や供述態度を罪体に関する実質証拠として取調べ請求する可能性である。最高検察庁は、取調べ可視化の法制化に向けて、2015（平成27）年2月12日、最高検次長名の依命通知を発し、取調べ時に逐次、供述調書を作成する必要はなく、具体的必要性が認められる場合に作成すれば足りるとして、裁判員裁判の導入を機に供述調書の証拠価値が低下した現状に合わせ、供述調書の逐次作成の責務を緩和した。併せて同通知は、公判における被告人質問による立証を柱としつつ、捜査段階の被疑者供述を公判廷に顕出する必要が生じた場合は、法322条1項による録音・録画記録媒体の取調べ請求を公に推奨した。さらに、被疑者だけでなく、被害者や目撃者等の参考人についても、供述調書の作成を想定せず、当初から実質証拠とする目的で取調べないし事情聴取状況の映像を記録し、証拠化することも容認した。

具体的には、参考人が証人として出廷した公判において供述不能、あるいは捜査段階と相反する供述をした場合、法321条1項2号に基づき、録音・録画記録媒体を取調べ請求することを想定しているものと思われる。取調べ録音・録画義務のさらなる導入が避けられないと判断した検察庁は、罪体に関する積極的な立証手段として、録音・録画記録媒体を活用する方策に大きく舵を切ったのである。

(3) 録音・録画記録媒体は実質証拠たり得るか

ア 取調べ録音・録画法制化の根拠条文である法301条の2は、録音・録画記録媒体を補助証拠としてのみ用いることを前提とする。同条3項は、法

324条による伝聞供述についても録音・録画記録媒体によって任意性を立証すべきことを定めるが、その典型は、取調官が証人として出廷し、取調べ時の被疑者の発言内容を証言する場合であろう。取調官が証言しようとする被疑者の伝聞供述の任意性に疑いがある場合、検察官は、任意性を立証する目的で、当該取調官の被疑者に対する取調べ状況を録画した記録媒体の取調べ請求義務を負う。録音・録画記録媒体が証拠採用されると、取調官と被疑者の詳細なやり取りの実態が公判廷で再生される。仮に任意性を充たすと判断されて証人が採用された場合、証人の取調官が行うのは、公判廷で如実かつ詳細に再現されたばかりの取調べ状況を、自らの記憶に基づいて再現し、証言することである。当然ながら再現の忠実性は録音・録画記録媒体が勝る。このように、3項が一見すると合理的でないようにも思える制度とされたのは、録音・録画記録媒体があくまで供述の任意性に関する補助証拠としてのみ価値を有するとの前提を貫いたからである。

　法301条の2の制度設計において、録音・録画記録媒体を実質証拠として取り扱う運用を想定していたのであれば、3項の存在意義はほとんどない。やや逆説的ではあるが、法301条の2による取調べ可視化の法制化は、録音・録画記録媒体を補助証拠として扱うことを前提に設けられた制度であり、実質証拠としての価値を認めていないのである。録音・録画記録媒体の実質証拠化を容認し、事実上推奨する2015（平成27）年2月12日付最高検依命通知は、改正刑訴法の施行前であったとしても、改正刑訴法が成立して法のルールとなったことにより、誤った解釈となったと解すべきである。

イ　犯行再現実況見分調書に記載された被疑者供述及び犯行再現写真の証拠能力について、法321条1項3号及び法322条の要件を充足する必要があるとしつつ、写真による記録が機械的かつ忠実であるとして被疑者の自署押印要件を不要とした最決平17・9・27[16]を根拠に、録音・録画記録媒体も、任意性及び不利益事実承認の要件を充たせば、被疑者の署名押印を要さず法322条による証拠能力の付与を肯定し得るとの見解も想定される。しかしながら、先に指摘したとおり、法301条の2の制定にあたって前提とされた補助証拠としての性質に照らし、上記最高裁決定は妥当しないとの立法的解決が為されたと解すべきであろう。

ウ　録音・録画記録媒体を罪体に関する実質証拠として用いることができる

か否かについて、東京高判平28・8・10[*17]は注目すべき判断を示した。同判決は、刑訴法上、供述証拠は公判期日における供述による原則を確認したうえで（刑訴法320条1項）、法301条の2の制定趣旨にも言及し、捜査段階の取調べ状況を公判審理で視聴して適否を判断するのは、刑事裁判における直接主義の原則から大きく逸脱し、適正な公判審理手続であるか否かについて疑問があるとした。さらに、公判における被告人質問と異なり、非公開の取調室で弁護人の立会もないまま、自発的発言ではなく取調官の発問に対する受動的なやり取りに終始する取調べ状況に表れる供述態度の視聴は、任意性や信用性に関する判断を誤らせるおそれがあることを指摘した。公判廷における長時間の取調べ録画の再生が、他の客観的証拠の取調べとの不均衡を招き、取調べや供述調書に過度に依存した捜査・公判から脱却すべきとの社会的要請にもそぐわないとして、録音・録画記録媒体を実質証拠として用いることについて慎重に検討すべきと判示した。検察庁の目指す録音・録画記録媒体の実質証拠化に警鐘を鳴らす判断として、弁護活動を行う上で活用すべき指標となり得る。

(4) 録音・録画記録媒体を公判廷で取り調べる場合の留意点

ア　実質証拠であるか否かにかかわらず、録音・録画記録媒体に表れる被疑者供述を公判廷で取り調べる場合は、いくつかの点に留意が必要である。

イ　被疑者の供述が捜査段階から公判を通じて根幹部分で一貫している場合、録音・録画記録媒体に表れる被疑者供述は、その信用性を補完する価値を有する。また、違法・不当な取調べを受けたことや、不本意な調書が作成されたことへの抗議や不満を述べる場面が記録されたりしていれば、これらを立証命題とする証拠として用いることができる。

ウ　他方、録音・録画記録媒体に表れるのは供述内容だけでなく、供述時の被疑者の表情や態度等を含み、公判における被告人質問での供述態度が信用性判断の素材とされるのと同様、供述の信用性判断に影響を及ぼし得る。十分な証拠の検討、弁護人との打合せを経て臨む公判と異なり、捜査段階の被疑者取調べでは、逮捕されたことへの動揺、記憶の混同などによる客観的状況との些細な食い違いや、弁護人との打合せ途上であることに起因する誤解や混乱が避けられない。こうした事情による供述態度の混乱や変遷が、信用

性判断に負の影響を及ぼす危険は否定し得ない。公判廷で録音・録画記録媒体の再生が不可避のとき、これを再生する場合には、再生部分の録音反訳文を併せて証拠請求して供述内容の正確な把握を期す、被告人質問と組み合わせて供述当時の心理状況を被告人に説明させるなどの工夫により、誤解を生じさせないような配慮も時として必要となろう。

エ　なお、供述調書等の証拠書類の公判廷における取調べ方法は、全文朗読を原則としつつ、相当と認められるときは要旨告知が許される（法305条1項、刑訴規則203条の2）。他方、証拠物の取調べ方法は展示である（法306条）。録音・録画記録媒体は証拠物である以上、公判廷における採用範囲すべての再生が原則となるべきである。取調べ請求者である検察官が、媒体に記録された供述の要旨を告知することによる取調べは、法が予定していないうえ、検察官の恣意的な抽出が避けられず、誤導を招くおそれがある点で違法である。

*1　改正刑事訴訟法の規定する取調べ録音・録画制度の詳細は本書第1部を参照。
*2　参議院法務委員会附帯決議(http://www.sangiin.go.jp/japanese/gianjoho/ketsugi/190/f065_051901.pdf)、衆議院法務委員会附帯決議(http://www.shugiin.go.jp/internet/itdb_rchome.nsf/html/rchome/Futai/houmuB2FA300DA5B0862E49257E9A00234539.htm)。
*3　前掲注2・各附帯決議を参照。
*4　法制審議会新時代の刑事司法制度特別部会第30回会議「新たな刑事司法制度の構築についての調査審議の結果」(2014〔平成26〕年7月9日)10頁。
*5　前掲注2参照。
*6　法制審議会新時代の刑事司法制度特別部会第28回会議配布資料(http://www.moj.go.jp/content/000124480.pdf)参照。
*7　2016年8月3日警察庁「警察における取調べの録音・録画の試行の実施状況について」(2016〔平成28〕年8月3日)。
*8　警察庁は、改正刑事訴訟法による取調べ録音・録画制度の導入決定を踏まえ、2016(平成28)年10月1日以降、裁判員裁判対象事件及び知的障害、発達障害、精神障害等の障害を有する被疑者であって、言語によるコミュニケーション能力に問題があり、又は取調官に対する迎合性や被誘導性が高いと認められる者に係る事件についての試行を明示するとともに、さらには、これら以外の事案をも新たに対象とすべく、取調べ録音・録画試行指針を定めた(2016〔平成28〕年9月15日警察庁刑事局長通達)。
*9　取調べ録音・録画制度の導入による黙秘権保障の実効性について、小坂井久『取調べ可視化論の展開』(現代人文社、2013年)1頁以下、同240頁以下。

*10 前掲注6・2014(平成26)年6月16日付最高検次長依命通知。

*11 前掲注2・衆参両議院附帯決議を参照。

*12 ラシター「ビデオ録画された自白——万能薬か、それともパンドラの箱か?」(Law&Policy, 2006年)による研究報告を分析したものとして指宿信『被疑者取調べ録画制度の最前線』(法律文化社、2016年)290頁以下。

*13 指宿・前掲注12書参照。

*14 虚偽自白の防止等を目的とする取調べ技法の高度化について提言した日本学術会議心理学・教育学委員会法と心理学分科会「提言 科学的根拠に基づく事情聴取・取調べの高度化」(2011年)の示す取調べの在り方は、録画下の取調べの適正を検証するうえで有用な指標である。

*15 岩城光英法務大臣答弁「第190国会衆議院法務委員会会議録第19号」(2016〔平成28〕年5月20日)等。

*16 最二決平17・9・27刑集59巻7号753頁。

*17 判タ1429号132頁。なお、検察官控訴による本件審理において、検察官による取調べ録画媒体の証拠採否に関する訴訟手続の法令違反の主張は排斥されたが、本判決は事実誤認を理由として原判決を破棄し、本件を第一審に差し戻した。

録音・録画記録媒体の
実質証拠利用にどう対応するか

栗林 亜紀子

　録音・録画記録媒体を証拠として使用する場合、これは、本来、捜査段階における被告人供述の任意性立証のために（訴訟法的事実を立証する際の補助証拠として）用いることを予定されたものである。しかし、実際には、検察官が録音・録画記録媒体を実質証拠（供述の内容の真実性の立証）として取調べ請求を行う例がいくつも報告されるようになっている。

　この問題については、丸山和大「取調べDVDの実質証拠化」季刊刑事弁護82号（2015年）50頁、安部祥太「被疑者取調べの録音・録画と記録媒体の証拠法的取扱い」青山ローフォーラム3巻1号（2014年）125頁、青木孝之「取調べを録音・録画した記録媒体の実質証拠利用」慶應法学31巻（2015年）61頁のほか、第32回近畿弁護士会連合会大会シンポジウム第2分科会報告書「よーし、可視化法制化——抜け道は許さない！　今こそ弁護実践だ！！」（2015年）84頁等で詳しく検討されているので、参照されたい。

　本稿では、録音・録画記録媒体の実質証拠利用の問題点を簡単に紹介したうえで、検察官が実質証拠として取調べ請求をしてきた場合に、弁護人として何に注意し、どう対応すべきかについて考えてみたい。

1　証拠能力

　現行法上、録音・録画記録媒体の証拠能力について直接定めた規定はない。署名押印という手続の欠如をもって証拠能力を欠くとする立場もないではないが、判例（特に、最決平17・9・27刑集59巻7号753頁）及び学説の大勢からすると、実質証拠としての証拠能力は、現行法上、これを肯定しうるとされていることを否定しがたい（もっとも、改正法のもとで同様に考えられるかは議論がありうる）。

第3部　現段階の弁護実践　　**139**

2 検察庁の態度

　最高検は、2015（平成27）年2月12日付で「事案によっては、より効果的な立証という観点から、同項（注：刑事訴訟法322条1項）に基づいて、被疑者供述を録音・録画した録音・録画記録媒体を実質証拠として請求することを検討する。事案の内容、証拠関係、被疑者供述の内容等によっては、当初から記録媒体を同項に基づいて実質証拠として請求することを目的として録音・録画を行っても差し支えない」とする依命通知を出した（「取調べの録音・録画を行った場合の供述証拠による立証の在り方等について」）。従来、任意性立証に主眼を置いていた立場を転換させたともいえる。

　これを受けて、今後、検察官が実質証拠として取調べ請求するケースが増えることが予想され、現に、増えているようである。

3 裁判所の態度

　現状では、録音・録画記録媒体の実質証拠利用に積極的か消極的かは、裁判体によって異なる。が、いずれにしても、被告人質問では不十分と考えられる場合の補助的な手段として位置づけられているように思われる。参考人についても、321条1項2号の問題とされることがあり、被告人質問の場合とパラレルな扱いになっているといえるであろうか。

4 弁護人としての対応

(1) 検察官の真意はどこにあるか

　被告人質問先行型の公判で、そもそも録音・録画記録媒体を検察官が真に実質証拠として証拠調べ請求する必要性がある場合は想定しにくい。捜査段階で被告人が自白ないし不利益供述をしていれば、被告人質問のなかで、その存在と内容の真実性・任意性について供述するのが通常だからである（第32回近畿弁護士会連合会大会・上掲報告書84頁）。

　このような場合、検察官としては被告人に過去の供述の真実性・任意性に

ついて反対質問すれば足りるはずである。それにもかかわらず、検察官として過去の供述が記録された録音・録画記録媒体を実質証拠として取調べ請求する必要性があるとする意図は、録音・録画記録媒体に記録されている供述態度等をも含めて事実認定者に示すことで、その印象から、より検察官にとって有利な事実（捜査段階の供述内容の真実性・リアリティ）を認定してもらいたいということであろう。

　しかし、そのような必要性が何処まであるかは客観的には疑問であるし、心理学的知見には、供述態度から供述内容を推し量ることの危険性を指摘するものもある。弁護人は、録音・録画記録媒体が証拠調べ請求された場合には、具体的には何を要証事実とするのか検察官に対して釈明を求め、検察官のそのような真意をも明らかにさせたうえで、供述態度に力点を置くような要証事項が想定されている場合は、印象に引きずられる事実認定をもたらす危険があるとして、法律的関連性がないことを理由に取調べに異議がある旨の証拠意見を述べるべきである（同報告書85頁）。また、そのような場合、実質的には、必要性自体も乏しいはずである。

⑵　必要性が存する場合

　被告人が公判廷で黙秘に転じたような場合（あるいは、公判廷では記憶を失ったといった場合）には、捜査段階の供述を実質証拠として利用する必要性があると考えられることになるであろう。その場合、録音・録画記録媒体が実質証拠として採用される可能性は高まる。

　しかし、録音・録画記録媒体の一部に、被告人が具体的に供述する状況が記録されていたとしても、直ちにその供述の任意性、信用性が肯定されるわけではないことはもちろんである。弁護人は、以下の点に注意すべきである。

ア　任意性・信用性を疑わせる事情はないか

　検察官は通常、録音・録画記録媒体の一部を抜粋して取調べ請求する。取調べ請求された録音・録画記録媒体全体を精査する必要があることは言うまでもなく、当該取調べが行われた日の取調べの最初から最後までを確認することはもちろんである。そして、さらに関係する取調べについてはすべての録音・録画記録媒体を確認・検討すべきである。

第3部　現段階の弁護実践　　**141**

また、被告人と十分に打ち合わせを行い、録音・録画が行われていない場面で、捜査官からの不当な働きかけがなかったか否かを確認する必要がある。そのためには捜査段階で被疑者ノートにきちんと取調状況・経過を記載してもらう弁護活動が求められる。供述がなされた状況や供述の意味を確認する作業が非常に大事になると思われる。そのうえで、任意性を争うケースも当然存在するであろう。

イ　当該部分のみの取調べによって誤った印象を与えるおそれはないか

　検察官の抜粋の仕方によっては、被告人供述のニュアンスが変わってしまうなど、事実認定者に誤った印象を与えてしまうおそれもある。前後に不当に削られている部分がないか、取調べ請求された部分以外に、法廷に顕出すべきところがないかを検討する。弁護人側から請求する場合の立証趣旨はケースによって様々なものが想定されるであろう。

　検察官の立証趣旨によっては、当該事件について存在するすべての録音・録画記録媒体を弁護人から取調べ請求するということを検討すべき場合もある。このような場合、検察官の姿勢にもよるが、検察官請求が撤回されることもありえよう。

ウ　なお、録音・録画記録媒体の「要旨の告知」が許されないことについては、小坂井久「可視化記録媒体の『要旨の告知』は許されない」月刊大阪弁護士会2016年2月号を参照されたい。

5　まとめに代えて

　このように、録音・録画記録媒体が実質証拠として利用される場面における弁護人の対応は、可視化されていない事件における検察官の自白調書の取調べ請求への対応とほぼパラレルに考えることができる。

　調書との違いといえば、録音・録画記録媒体は、その性質上、被告人の供述がその態度等をも含め音声や映像によって記録されていることである。場合によっては、事実認定者に対し、自白調書に比べていっそう鮮やかな、しかし偏った印象を与えかねない影響力を持つ（もちろん、逆の印象を招くこともありうるが、それらの判断は、供述心理学の知見などを借りるなどしながら慎重に行うべきであろう）。

可視化されている事件では、録音・録画記録媒体が実質証拠とされる可能性を念頭に置きながら、捜査段階における取調べ対応をしておく必要性がある。言い方を変えると、捜査段階から公判を見据えた弁護方針の立て方がますます重要となるのである。

録音・録画記録媒体の
公判再生という問題
──東京高判平28・8・10をめぐって

小坂井 久

1　はじめに

　東京高裁（第5刑事部）平成28年8月10日判決（以下、本判決という）は、当該被告人にとって、どういう意味をもっているかといった議論をさて措き、録音・録画記録媒体の公判再生という、大きな課題に関して、極めて重要な判断を示した判決である[*1]。結論的に言うならば、これは弁護実践において必ず活用すべき裁判例であり、画期的と評してよい理論水準を示している。

　すなわち、本判決は捜査段階（取調べ）で記録される録音・録画記録媒体において認識されることになる、被疑者（被告人）の「供述態度」にもとづき、その供述の信用性判断を行う（ために法廷再生する）こと、また、同記録媒体そのものを供述内容の真実性立証として（すなわち、実質証拠として）法廷再生すること、以上の2点につき、消極的な（読み方によっては明確に否定的といえる）判断を示したものである。その結論を導く論理展開は、現段階で、言いうることの全てが過不足なく述べられていると考えられ、高く評価できるものである[*2]。

　弁護実践において、本判決をそのまま引用してもよいというべきところがあり、録音・録画記録媒体の法廷再生を阻止したいと考える場面では必ず使うべきものといってよい。

2　判決の意義と弁護実践上の課題

　以上の結論に立ち、これを前提としたうえで、主に弁護実践の観点から、

3点ほど述べておきたい（後記⑴ないし⑶）。

⑴　その射程

ア　1つは、この裁判例の射程という問題である。この判決で述べられているところをもとにして公判ないし公判前整理手続において弁護活動を展開するとき（この判決に則った意見を述べていくとき）、検察官からは、この裁判例は「事例判断にすぎない（したがって、そこで展開されている理論の射程は狭く、格別の規範性はない）」といった類の意見が打ち出されうるであろうということである。

　確かに、この判決の事例には、次のような特色があり、その意味では、特異な要素がないわけではない。

① 　検察官が控訴趣意書の段階まで、捜査段階の供述（自白）を立証の柱として位置づけていなかった（証明予定事実記載書面にも記載がなく、冒頭陳述でもその旨言及されなかった）[3]。

② 　当該捜査段階（厳密には起訴後の段階とのことであるが、その点は此処での問題ではないので、捜査段階と総称する）の自白は、弁護側主張でも「任意」になされた（意図的に話した）「虚偽自白」であった（公判前整理手続段階で1度は「任意性を争う」との意見が提出されたが、その後、「任意性は争わない」と証拠意見が変更されている）[4]。

イ　これらにもとづいて判断が示されていることは確かであり、このような（事例に即しての）判断過程であることを踏まえるならば、たとえば①についていえば、今後、検察官は、多くの事件の主張立証活動として、証明予定事実記載書面において捜査段階の自白が立証上意味をもつとの記述に努めようとするやもしれないし（1行でも言及しようとするかもしれないし）、冒頭陳述で必ず一言は言及しようとするやもしれない。これは、捜査段階の自白を、当該事案の立証構造上、より有意義に位置づける主張をしておけば、録音・録画記録媒体で認識できる「供述態度」による信用性判断も、また有意であるはずだとの論理である。

　しかし、この①の点（証拠構造上の問題）は、格別決定的な意味をもつとも思われない。なぜなら、本判決自身、このような検察官の主張立証姿勢といった事例の要素にかかわらず、「なお書き」とはいえ、この問題について説

第3部　現段階の弁護実践　**145**

明し、一般的な「規範」を定立しているからである[*5]。

　すなわち、「なお、一般的に考えても、信用性に争いのある自白供述とそれ以外の証拠がある場合、自白供述の存在が心証に及ぼす影響の強さや虚偽自白の危険性を考慮し、また、裁判が自白に過度に依存したものとなれば、自白の獲得に向けた不適切な取調べを助長するなどの弊害もあるから、裁判所として、自白供述以外の証拠による事実認定に留意し、自白供述に過度に依存しない判断を心掛けることは、合理的裁量によるものということができる」との判断である。これは大原則といえば大原則であるが、捜査段階の自白に依存する主張立証構造自体を問うべきとの提言に外ならない。

ウ　以上のとおりとすれば、自白一般の問題として公判廷での録音・録画記録媒体の再生という課題について考察しておくべきことは、あるいは、むしろ②の問題（「任意」の供述という問題）ということになるやもしれない。検察官は「任意になされた（あるいは、まさに意図的な）虚偽自白」という特殊な事案にもとづいた「事例判断」であると言ってくるとも思われるからである。

　しかし、本判決は、ここでも、まさに「規範」を示している。すなわち、「公判廷における被告人質問は……(i)法廷という公開の場で、(ii)裁判体の面前において、(iii)弁護人も同席する中で、(iv)交互尋問という手順を踏んで行われるもので、(v)（裁判体自ら）問いを発し答を得ることもできる」（カッコ書きのローマ数字は引用者）、だからこそ、「供述内容に加え、供述態度が信用性の判断指標となっているものといえる」とし、これに対し、「捜査機関の管理下において、弁護人の同席もない環境で行われる……取調べ」にあっては、これらの条件・要素を全て欠いているため、「直感的で主観的な判断に陥る危険性は、公判供述の場合より大きなものがある」というのである[*6]。

　これは、事例判断のレベルを明らかに超えた判断である。この点は、当然あらゆる事案に活用できるといわねばならない。「供述態度」による信用性評価について捜査段階の録音・録画記録媒体の法廷再生を阻止する論理として、これ以上の理屈は考えにくいと思われる。逆に言えば、本判決の説得力如何は、この点に全て係っているといってもよいであろう。

　いずれにせよ、意図的な虚偽自白であるとの前提ではなく、要は、より広く、「任意になされた」（すなわち、任意性が争われない）「虚偽自白」という

前提である限り（信用性のみの争いである限り）、上記規範が定立され、この規範は、そのような場面にはすべからく妥当すべきものである。

エ　以上②の観点を踏まえつつ検討すると、弁護実践においては、以下のような基準を設けることとなるのではないか。すなわち、結局、任意性を争うか争わないかが、録音・録画記録媒体の法廷再生如何を弁護方針として決める分水嶺足りうると考えられるのではないかということである。

従来、録音・録画記録媒体の法廷再生は、その立証趣旨において、次の3つの場面が問題になると理解されてきた。

A　任意性の判断資料（補助証拠・1）

B　信用性の判断資料（補助証拠・2）

C　実質証拠

Cの使用の可否について様々な議論があることはあえて説明するまでもないであろう[7]。私の立場は、従来は実質証拠を否定する条文になっていたとはいえないが、改正刑訴法によって実質証拠は許されなくなったというものである（この点、後述したい）。

その点をまずは措いて、実務のなかで、検察官によるCとしての利用を極力抑えるべきとの立論が弁護実践において、今、台頭している。このとき、Bとしての利用（これにおける判断）はCにほとんど通底しているのではないかという課題がある。そうだとすると、多くの場合、信用性判断のための補助証拠についても、Cと同様に考えるべきだということになるのではないか。

ここから、次のような発想が生じる。従来は、A及びB（任意性・信用性──補助証拠）とC（実質証拠）という対比で考えられていたものについて、A（任意性）とB及びC（信用性・実質証拠）という対比で考えるべきではないかとの問題である。本判決が示した理論によって、やはり「任意性」（証拠能力）と「信用性」（証明力）こそを分けながら議論した方が良いのではないかという視点が改めて提供されるところとなったように思われる。

冒頭で触れたように、本判決が対象とし問題としているのは（そして、公判再生に否定的な見解を示したのは）、まずは、まさに捜査段階（取調べ）における「供述態度」による信用性判断である。本判決は、そのような判断のため録音・録画記録媒体を公判再生することに抑制的でなければならないと

いう理論を示したのである。この課題設定は、おそらく正しいように思われる。

　もっとも、捜査段階の「供述態度」を公判廷で録音・録画記録媒体によって「再生」させるべきでないというのは、捜査段階の「嫌疑」をそのまま公判廷に流入させることを阻止すべきとの要請にもとづくものといえるだろう。それこそが公判中心主義に反する事態というべきだからである[*8]。他方、そうではなく、被告人・弁護人において、捜査段階の「供述態度」こそを公判廷で検討すべきであると考えたとき（そのような意向が示されたとき）は、捜査段階の「嫌疑」を流入させるという趣旨ではないから、これとは別と解しうるはずである。

オ　①の点（証拠構造上の問題）にせよ、あるいは、②の点（「任意」の供述という問題）にせよ、確かに、捜査段階自白の証拠価値自体が高いとされる場合にどう対応するかという問題はあるであろう。しかし、その場合も、①についての本判決の論理は、これについて明らかに否定的というべきである。実際、本判決は、客観的裏付けがない場合に「供述態度」を補充的に利用することを戒めている。すなわち、「客観的な裏付けがないことを、取調べ時の供述態度から受ける印象で補おうとすれば、信用性の判断を誤る危険性があるもの」としている（さらに、直接主義の例外許容は厳格であるべき旨を説いていると思われる）[*9]。それゆえ、捜査段階自白の証拠価値が高い（とされる）場合にこそ、この理があてはまるといわねばならない。

　この点は、②もまた、同様であろう。被告人質問で、捜査段階における本人の供述が任意になされたことが明らかにされたとき、その供述自体は法廷に顕出されたのであり、さらに、記録媒体そのものの法廷再生が必要かどうかこそ、議論を要するというべきである。そのとき、前述の(i)ないし(v)に照らしつつ考察されなければならない。

　理論的にいえば、直接主義は時間的な「現在」性ということであろう[*10]。そのこととの対比をも含めつつ、本判決においては、「（現存する公開法廷ではない）捜査機関の管理下」という場面を強調するフレーズが繰り返されているように思われる。その異質性の強調は圧倒的に正しいというべきではないだろうか。法廷であれ、記録媒体であれ、「供述態度」で心証を採るのは同じではないか、との論理は、この異質性を理解していないということになるも

のと思われる。直接主義の例外許容は厳格でなければならない。

(2) 改正刑事訴訟法と実質証拠という問題などをめぐって

ア　法改正前、記録媒体について、刑訴法322条1項のもとで実質証拠化が許されるか否かの議論があった（もちろん、今もある）[11]。その議論をさて措き、私は、改正刑訴法は実質証拠を否定したものと考えている。この点、本判決は、その趣旨自体を相当明確に指摘しているものと思われる[12]。

　すなわち、改正刑訴法の録音・録画制度は「……被疑者の取調べの実務の中で、被疑者に対する強制や圧迫等が生ずる弊害を防止するために導入されたものであることは、公知の事実であり、改正法の規定の構造からしても明らかで……、改正法では、刑訴法322条1項に基づき請求する書面の任意性に争いがあるときに、当該書面が作成された取調べの録音録画記録媒体の取調べを請求することが検察官に義務付けられている」とし、このような「改正法で定められた録音録画記録媒体の利用方法を超えて、供述内容とともに供述態度を見て信用性の判断ができるというような理由から、取調べ状況の録音録画記録媒体を実質証拠として一般的に用いた場合には、取調べ中の供述態度を見て信用性評価を行うことの困難性や危険性の問題を別としても、我が国の被疑者の取調べ制度やその運用の実情を前提とする限り、公判審理手続が、捜査機関の管理下において行われた長時間にわたる被疑者の取調べを、記録媒体の再生により視聴し、その適否を審査する手続と化すという懸念があり、そのような、直接主義の原則から大きく逸脱し、捜査から独立した手続とはいい難い審理の仕組みを、適正な公判審理手続ということには疑問がある」というのである。さらに本判決は「取調べ中の被疑者の供述態度を見て信用性を判断するために、証拠調べ手続において、記録媒体の視聴に多大な時間と労力を費やすとすれば、客観的な証拠その他の本来重視されるべき証拠の取調べと対比して、審理の在り方が、量的、質的にバランスを失したものとなる可能性も否定できず、改正法の背景にある社会的な要請、すなわち取調べや供述調書に過度に依存した捜査・公判から脱却すべきであるとの要請にもそぐわないように思われる」と述べている。今後、弁護実践にあって、本判決に則りつつ、いわば大鉈（おおなた）の議論として「改正刑訴法では実質証拠化は認められない」という論陣を張っても良いものと思われ

るところである[*13]。

イ しかし、それを裁判所が認めない場合は、どうすべきか。被告人質問で捜査段階の供述内容は顕出できるということを主張し、その上で、検察官は反対質問等でその信用性や任意性・真意性をチェックできるのではないかという議論を行い[*14]、本来不必要なのにもかかわらず、検察官が必要だと主張するとすれば、その理由としては結局、「供述態度」を要証対象とするということしか出てこないことを明確にすべきだろう。そうであれば、このような考えは、極めて危険であるという主張（法律的関連性がないという主張）を導くことになる[*15]。

　もっとも、捜査で自白したが公判では記憶喪失しているという場合などは必要性がないということにはならない。このようなとき、言葉面だけの問題になるのであれば、弁護側として反訳文とどちらが適切か（適正な事実認定に資するか）を検討し判断することになる。場合によっては、要約を合意書面とすることも本来あってしかるべきことである。実質証拠化が不可避なのであれば、書面に落とし込むといった方策を練っていくことになるであろう。

　他方、任意性を争う事件は、任意性を争えば争う程、理論的には、補助証拠として記録媒体を再生する必要性が高まるという理屈になるだろう。その場合には公判廷での再生を阻止するということには馴染まないであろう。そのため、再生を前提として、記録媒体の中身について、弁護側から、「任意性に疑いがある」供述である旨の論証をしていくことになる。そのときは、可能な限り供述心理学の知見を借りるなどして、録音・録画記録媒体そのものの中身をまさに問う論陣を張らねばならない（この場合も、反訳文がより適切な場合があるか否か、検討の余地はあろうか）。

(3)　更なる展望など

　本判決はさらに広い課題をも示しているように思われる。それをどこまで広げられるか。

　本判決は、まずは録音・録画記録媒体における「供述態度」に焦点をあて、その点の判断を示したものといえる。しかし、これを超える論理もまた展開していることは明らかであろう。「公判の場」と「捜査機関の管理下」という

150

対比は実のところ、そのようなものだと考えざるをえない。

　結局、直接主義の例外許容が厳格でなければならないという本判決の理論は、322条1項の存在を問い、これを骨抜きにする論理を孕んでいることが明らかだというべきである。それゆえ、弁護実践として、これを活用して、捜査段階の供述それ自体は原則的に公判で用いることができないとの論陣を張っていくことになるのではないか。そこまで推し進めていく論理の構築を目指さなければならないものと思われる。最終的にはそれは、法322条1項を廃絶しなければならないということであるだろう。取調べの可視化という事態が事柄の本質を明るみに出したというべきである。

　さて、本判決の論理は、参考人（証人）の場合も、そのまま妥当するのかどうか。これも検討対象である。特信性立証を録音・録画記録媒体で行うべきだとの要請との関係で、本判決のような理論をどう考えるべきだろうか。この問題は正直なところ、なかなか難しい問題も孕んでいる。第三者は弁護人からの何らかのコントロールが不能ともみられるので、被告人質問と直ちには同視できないところがある。

　ただ、ここでの問題は、証人尋問に反対尋問がある中で、録音・録画記録媒体が存在するからといって、今までの検察官調書がある場合の旧来からの状況と何が違うのかということである。今まで弁護人は反対尋問によって、何とか「特信性はない」として（あるいは、相反性をも争いつつ）、2号書面採用を阻止するという活動をしてきた。それと何が異なるのだろうか。

　大きな違いはないと考えられる。少なくとも録音・録画記録媒体が問題を悪化させるという関係にはない。むしろ、反対尋問をより多角的に行いうると捉えるべきであろう。そして、特信性立証には記録媒体は不可欠である（もっとも、一部録画であるときは、それ固有の問題として、証拠の適格性を争うことがあろう）。

　いずれにしても、既に若干触れたとおり、322条1項と321条1項2号とでは、要件が異なっているため、本判決の論理がそのまま妥当するか否か、なお検討を要するように思われる。いずれにせよ、これも321条1項2号の廃絶こそがゴールというべきことになる。

3　まとめに代えて

　以上論じたとおり、本判決は、捜査段階での録音・録画記録媒体にみられる「供述態度」で（足りない証拠を補うかのようにして）信用性判断を行うことについて消極論を述べていること、そして、実質証拠化について消極論・否定論を述べていること、この点において、まず、大きな意義がある。

　もとより、ここに「供述態度」と心証という難しい問題があることは否定されないだろう。どこで心証を採るか、そもそも「心証形成」とは何か、結局、自由心証主義とは何かという、より根本的かつ難しい問題が横たわっている[16]。

　裁判員裁判においてその場で見て心証形成するものとされている以上、公判の場の「供述態度」で心証を採ることは禁止されないし、一般に奨励されているものといえる。

　他方において、なぜ、捜査機関の管理下における「供述態度」から心証を採ることを抑制すべきなのか。この点は本判決が繰り返し説いているとおりである。手続的正義の要請という観点をも孕みつつ、本判決は、事実認定の適正という観点から言うべきことを言ったものと思われる。現段階では、本判決以上のことを付け加えて言えるとは思えない。

[1]　本稿は、日本弁護士連合会刑事弁護センターの全体会議（2016年10月14日）において贄田健一郎弁護士が本判決について報告されたことに関して、鈴木一郎弁護士とともに、私がコメントを求められる機会があったことに触発され、急拠執筆したものである。本判決の全文は判タ1429号132頁以下。

[2]　もっとも、判決の論理を必ずしも説得的でないとする見方もありうるかもしれない。法廷における供述態度からの心証形成を阻止しえないとするならば、録音・録画記録媒体におけるそれからの心証形成が、それほどに質が違うのか否か、という問題提起がありうるだろうからである。しかし、この点は、本文でもさらに言及するとおりと考えられる。いずれにしても、この関係では、本判決は言いうることの全てを言い切っているのではないか。理屈のレベルでは、さらに手続的正義といった観点を持ち込むか否かという論点はありうるとしても、事実認定の適正化（適正な心証形成）という観点から、本判決で書かれている以上の論理がさらに展開できるとは考えにくいのではないだろうか。

[3]　判タ1429号136〜137頁。

[4]　前掲注3判決136頁。弁護戦略として変更されたというのではなく、実態に則し

ている意見変更のように見受けられる。

*5　前掲注3判決137頁。

*6　前掲注3判決138頁。

*7　改正刑訴法成立以前において、録音・録画記録媒体の実質証拠化を否定する見解としては、正木祐史「被疑者取調べの『可視化』」法律時報84巻9号(2012年)16頁、伊藤睦「取調べ可視化と証拠法」法律時報85巻9号(2013年)73頁など。なお、葛野尋之「刑事弁護の拡大・活性化と接見交通権」季刊刑事弁護85号(2016年)107頁の注18は否定的見解ではあるが、そのためには、「明確な立法」が必要と説いている。

*8　このような考えについては、青木孝之教授の示唆を受けたことを記憶している。

*9　前掲注3判決138頁。

*10　空間的「現存」性までをいうと、ビデオリンクが問題になると思われる。

*11　前掲注7参照。

*12　前掲注3判決139～140頁。

*13　この点、小坂井久・青木和子・宮村啓太編著『実務に活かすQ&A改正刑事訴訟法等のポイント』(新日本法規出版、2016年)115頁以下参照。改正法の条文解釈自体から、実質証拠は許容されなくなったとする考えが示されている。

*14　もとより、被告人が公判廷で、「かつて」「任意に」「語った」と供述すれば、その公判廷供述自体が、法322条1項によって実質証拠となるか否か、議論がありうるであろう。

*15　証拠の関連性については、園原敏彦「証拠の関連性」松尾浩也・岩瀬徹『実例刑事訴訟法Ⅲ』(青林書院、2012年)118頁以下参照。記録媒体にあっては、まさに法律的関連性を問うべき要素があろう。この点、栗林亜紀子「録音・録画記録媒体の実質証拠利用にどう対応するか」本書第3部所収(初出：月刊大阪弁護士会2016年3月号79頁)を併せ参照。

*16　たとえば、有罪心証を導く「自由心証」の在り方を現象学の観点から論じたものとして、毛利与一『自由心証論——有罪心証としての』(有信堂、1956年)参照。

監修者の、少し長いあとがき

1　取調べ可視化大阪本部内に「刑訴法301条の2プロジェクトチーム」(以下、単にPTという)が立ち上がったのは、2015年4月のことである。法301条の2を含む、改正刑訴法等の法案が閣議決定を経て、国会に法案として提出されたのは、同年3月13日であり、この法案提出に伴って、早速、同条項(私たちが可視化法と呼んでいるもの)についての解釈に関する、検討を始めることとしたのであった。

　PTメンバーは、当初は相当数の数であったが、やがて座長を川﨑拓也弁護士とし、栗林亜紀子弁護士、水谷恭史弁護士、植田豊弁護士の60期台の方々に絞られることとなり、1人ロートルの私が、監修者という立場で、その議論に参加することとなった。

2　PTは、おおむね週1回ほどのペースで会議を開き、法301条の2についての主に解釈論を議論してきたのであるが、何といっても、取調べの可視化の法制化は、それ自体、はじめての出来事でもあり、作業は、想定外に難渋した。法制審議会「新時代の刑事司法制度特別部会」の議論があり、国会での衆参両議院の各法務委員会の論議など、様々に論じられているなかで、作業してきたものではあるが、それらの議論は、各条文が実務において現実的・具体的にどう使われるのかまでは、必ずしも詰められていたわけではなく、その執筆作業はなかなかの難事業であるとの憾があった。議論は、行きつ戻りつ繰り返した。

　1年程のうちに、相応の原稿が書き下ろされた。実際、PT座長の川﨑弁護士は相当量の原稿を書き上げていたものの、同弁護士は、2016年7月にアメリカ留学に旅立つこととなった。その後は、私を含めて、4人のメンバーに本書の完成が託されることとなったのである。

　実際のところ、可視化法は法の成立まで相当の難産であったが、法成立後にあっても、その議論はなかなか難しい論点を孕んでいるといえるのではないだろうか。

154

3　今般、拙く不完全とはいえ、ようやく本書を完成させて、その刊行に至ることとなったが、監修者として、その中身について、いくらか言及しておきたい。

　第1部は、本書のメインというべきものである。もともとPTのミッションは、法301条の2についての解釈論を展開し、可能であれば、実務で通用するものを定立させることにあった。今般、これをコンメンタールのかたちで世に問うことが出来るのは何よりだと思う。コンメンタールというものの性質上、ニュートラルな立場からの記述を心がけたところもあるが、他方では、弁護実践の観点を取り入れた記載が目立つかもしれない。これは本書が弁護人向けの本だからである。このコンメンタールは様々の批判を受けることになろうし、それ自体は望むところでもあるが、上記の点については、御容赦いただければと思っている。

　コンメンタールということでいえば、改正刑事訴訟法をめぐっての、その種の本は相応に出版されることになるはずである。本書は、いわゆる「公権的解釈」と称されるものとは相当に異なった解釈論を展開しているところがあろうかと思う。しかし、立法の原点に立ち返って、立法趣旨の実質に則った解釈が何であるか、その一端を示しえているところもあるはずである。拙い議論もあるものとは思われるが、生き延びる理論を提供しているところもあるのではないか。そのような議論が活性化する一助となれば幸いである。

4　第2部は、2019年6月以降の可視化法施行後の実務の動向を仮想設例をもとに概観したものである。ここでも、主に弁護実践の観点から記述している。

　第2部の冒頭に記しているとおり、ここで採り上げている論点は、施行段階では、あるいは、既に陳腐化しているものがあるかもしれない。法施行前であるけれども、可視化法の領域は、現在、実務において既にダイナミックに動いているからである。今後の動向を予測することは必ずしも容易なことではない。実際、施行時には現段階で予見しえていない課題もまた登場しているかもしれない。

　以上の意味をも含め、第2部におけるシミュレーションは、不完全なもの

監修者の、少し長いあとがき　**155**

であることを免れない。記述のレベルに濃淡もあろうし、その水準も一定していているとはいえないであろう。しかし、2016年の段階でひととおりの具体的イメージを描いておくことも有益と思われ、PTにおいて議論してきたものである。拙いものではあるが、これを晒し、御批判を受けたいと思う。

5　第3部は、現在において（つまり、基本的には施行前の段階を念頭において）、どのような可視化弁護実践をすべきか、という観点から、3つの論攷を載せることとした。第2部と重なる論述が相当あるけれども、これは現段階において、既に法の施行を見越したうえでの実践が求められることに起因しているといえる。

　第3部の根幹に位置する、水谷恭史弁護士の論攷は、PT内での相当の議論を経て完成されたものである。私個人としては、同論攷について、いくつかの点で異なった見解を有しているところがあるし、ニュアンスの違いもある。たとえば、私は可視化の目的には「全面的な検証可能性」の確保ということもあると思っており、これは、公判審理の問題に全くとどまらないと思っている。取調べ技能にもたらす影響などは時間を要するとはいえ、相当の意義を認めうると思う。あるいは弁護実践論でも、可視化申入れは詳しく根拠を説明したうえで行うに越したことはないが、まずはシンプルにでも「申入れ」ること自体が肝要と考えている。さらに、同論攷の自白法則に関わる記述も、検討すべき要素があるように考えられるし、録音・録画記録媒体の法廷再生をめぐっては、具体的な立証事項との関係をより詰める必要があると思っている。けれども、この水谷論攷は、現段階の可視化弁護実践を検討するうえで、日本弁護士連合会・刑事弁護センター改正刑訴法PT『全国一斉基礎研修マニュアル』の第3部の記載や、日本弁護士連合会・取調べの可視化実現本部『取調べ対応・弁護実践マニュアル〔第3版〕』とともに参照されて然るべき内容を有していると思う。

　また、現在の可視化弁護実践の課題が実質証拠問題にあるとされているところから、第3部には、栗林亜紀子「取調べ記録媒体の実質証拠利用にどう対応するか」を併せ掲載した。この論攷は、月刊大阪弁護士会2016年3月号から転載したもの（必要最小限の修文と加削を施したもの）であるが、非常にコンパクトに実質証拠問題に対する弁護実践論が語られており、有益だと

思う。

　さらに、私自身の書き下ろしを加えた。これは、今後、論争の的になるであろう、東京高判平28（2016）・8・10の弁護実践上の意義などを論じたものである。併せて、裁判における録音・録画記録媒体の再生は「任意性」の審理に限定されるとの試論を提示したものでもある。御批判を乞いたいと思う。

6　取調べ可視化の時代は既に始まっている。いわば史上はじめて捜査段階で「供述の自由」を確保していくことが可能な時代になってきているのであり、そうとすれば、まずもって、これを個々の実務のなかで現実化させることが弁護人のミッションだということになる。本書が、そのためのツールの一端でも提供することが出来ていれば、と思う。

　もとより、とはいえ、公判前整理手続や公判の段階で、取調べ録音・録画記録媒体の証拠としての意味や価値が問われる場面が生じることがある。本書が、そのようなときの弁護実践についても、何らかの示唆や材料を与えるものになっていることを願っている。

　2017年度の六法を開けば、そこには「刑訴法301条の2」が存在している。それが存在する世界は、それが存在しなかった世界とは違う。拙い議論ではあるとしても、本書が可視化時代における一人一人の弁護実践を行う際の一助となれば倖いである。

2016年11月

大阪弁護士会取調べの可視化大阪本部

副本部長

小坂井　久

執筆者：

川﨑 拓也 （かわさき・たくや）　弁護士（刑事訴訟法301条の2プロジェクトチーム座長）

栗林亜紀子 （くりばやし・あきこ）　弁護士

水谷恭史 （みずたに・きょうじ）　弁護士

植田 豊 （うえだ・ゆたか）　　弁護士

小坂井久 （こさかい・ひさし）　弁護士（監修）

GENJIN刑事弁護シリーズ19

コンメンタール可視化法
改正刑訴法301条の2の読解と実践

2017年2月10日　第1版第1刷発行

編　者	大阪弁護士会取調べの可視化大阪本部
発行人	成澤壽信
編集人	北井大輔
発行所	株式会社 現代人文社
	〒160-0004
	東京都新宿区四谷2-10八ツ橋ビル7階
	Tel 03-5379-0307　Fax 03-5379-5388
	E-mail henshu@genjin.jp（編集）　hanbai@genjin.jp（販売）
	Web www.genjin.jp
発売所	株式会社 大学図書
印刷所	株式会社 平河工業社
装　幀	Malpu Design（清水良洋）
検印省略	Printed in Japan
ISBN	978-4-87798-660-5 C2032

◎本書の一部あるいは全部を無断で複写・転載・転訳載などをすること、または磁気媒体等に入力することは、法律で認められた場合を除き、著作者および出版者の権利の侵害となりますので、これらの行為をする場合には、あらかじめ小社または著者に承諾を求めて下さい。
◎乱丁本・落丁本はお取り換えいたします。
©2017 Osaka Bengoshi Kai